# 高校体育教学内容建设
## 以健美操教学为例

李 佳 著

中国出版集团 现代出版社

图书在版编目（CIP）数据

高校体育教学内容建设：以健美操教学为例 / 李佳著． -- 北京：现代出版社，2023.8
ISBN 978-7-5231-0501-6

Ⅰ．①高… Ⅱ．①李… Ⅲ．①健美操—教学研究—高等学校 Ⅳ．① G831.32

中国国家版本馆 CIP 数据核字 (2023) 第 152450 号

## 高校体育教学内容建设以健美操教学为例

| | |
|---|---|
| 作　　者 | 李佳 |
| 责任编辑 | 刘刚 |
| 出版发行 | 现代出版社 |
| 地　　址 | 北京市朝阳区安外安华里 504 号 |
| 邮　　编 | 100011 |
| 电　　话 | 010-64267325　64245264（传真） |
| 网　　址 | www.1980xd.com |
| 印　　刷 | 三河市宏达印刷有限公司 |
| 版　　次 | 2023 年 8 月第 1 版　2023 年 8 月第 1 次印刷 |
| 开　　本 | 185mm×260mm　1/16 |
| 印　　张 | 11 |
| 字　　数 | 253 千字 |
| 书　　号 | ISBN 978-7-5231-0501-6 |
| 定　　价 | 68.00 元 |

**版权所有，侵权必究，未经许可，不得转载**

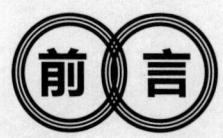

在高校教学中，体育教学作为一个重要的组成部分，对促进学生素质的提高有着很重要的作用。随着当今社会的发展，高校体育改革也在不断地深入，新时期、新形势又赋予了高校体育新的任务，促使高校体育的目的与任务更为具体和完善。随着近些年来经济社会的可持续发展，国民生活水平日渐提升，注重生活质量的同时也更加注重身体素质。为积极响应国家提出的全民健身号召，全面实现当代大学生综合素质得到有效提升的教学要求，各大高校在体育教学中开设了一门健美操课程，该课程是大学体育教学的重要组成部分。健美操不仅能够塑造形体，还可以改善体质，富有健身价值的同时，还兼具表演和娱乐等功能。

基于此，本书以"高校体育教学内容建设：以健美操教学为例"为题，首先，围绕高校体育教学的基础内容展开，探讨了新时代高校体育教学的内容与实施；其次，从新时代高校体育教学中的健美操教学的角度，讨论了健美操教学与高校健美操教学、健美操作为高校体育教学内容的可行性、高校体育健美操教学的现状与对策；再次，探究了新时代高校体育健美操教学的内容与实施；最后，探究了基于地区与教学方向的高校健美操教学，以及新时代高校健美操教学的内容创新与拓展。

全书内容通俗易懂，结构层次严谨，条理清晰分明，从高校体育教学相关的基础理论入手，拓展到高校健美操教学内容构建，兼具理论与实践价值，可供广大相关工作者参考借鉴。

笔者在撰写本书的过程中，得到了许多专家学者的帮助和指导，在此表示诚挚的谢意。由于笔者水平有限，加之时间仓促，书中所涉及的内容难免有疏漏之处，希望各位读者多提宝贵意见，以便笔者进一步修改，使之更加完善。

第一章　新时代对高校体育教学的认识 ················· 1
　第一节　体育教学与高校体育教学 ················· 1
　第二节　我国体育教学理论的发展 ················· 14
　第三节　高校体育教学的特点与目标 ················ 19
　第四节　高校体育教学的功能 ··················· 24
　第五节　高校体育教学的方法 ··················· 26

第二章　高校体育教学的内容与实施 ················· 46
　第一节　高校体育教学内容概述 ·················· 46
　第二节　高校体育教学内容的特性与选择 ·············· 50
　第三节　高校体育教学内容实施的指导思想与理念 ·········· 53
　第四节　高校体育教学内容实施的原则与主体 ············ 56
　第五节　高校体育教学内容实施的模式探索 ············· 61
　第六节　高校体育教学内容实施的资源开发 ············· 75

第三章　高校体育教学中的健美操教学 ················ 78
　第一节　健美操教学与高校健美操教学 ··············· 78
　第二节　高校健美操课程内容体系构建的应然性分析 ········· 92
　第三节　高校体育健美操教学的现状与对策 ············· 96

第四章　高校健美操教学的内容与实施 ················ 100
　第一节　高校健美操教学的基本动作与技术 ············· 100
　第二节　高校健美操教学内容的设计与编排 ············· 108
　第三节　高校健美操教学内容的实施 ················ 112
　第四节　高校健美操教学中音乐的运用 ··············· 122

## 第五章　基于地区与教学方向的高校健美操教学……………… 125

### 第一节　河南省普通高校健美操教学内容设置与改革 ……………… 125
### 第二节　湖南省普通高校健美操教学内容设置与改革 ……………… 127
### 第三节　黑龙江省普通高校健美操课教学内容分析 ………………… 128
### 第四节　内蒙古自治区高校体育教育健美操教学内容的调查与分析 ……… 130
### 第五节　陕西省高校体育教育专业健美操教学目标与内容对比 …… 132
### 第六节　普通型高校和应用型高校健美操类课程教学内容规划建设对比 … 134
### 第七节　高校体育教育专业健美操专选课教学内容研究及优化 …… 136
### 第八节　高校公体健美操课教学内容与教学考核改革 ……………… 138

## 第六章　高校健美操教学的内容创新与拓展……………………… 142

### 第一节　高校健美操教学内容体系的"主题单元"构建 ……………… 142
### 第二节　高校体育专业健美操教学内容体系"超市化"构建 ……… 145
### 第三节　普通高校健美操形体教学的内容设计 ……………………… 149
### 第四节　高校健美操专项课程教学内容改革 ………………………… 158
### 第五节　普通高校街舞内容融入健美操课程教学改革 ……………… 159
### 第六节　普通高校民族舞内容融入健美操课程教学改革 …………… 162
### 第七节　普通高校健美操课程增设舞蹈啦啦队教学内容 …………… 165

## 参考文献……………………………………………………………… 168

# 第一章　新时代对高校体育教学的认识

## 第一节　体育教学与高校体育教学

### 一、体育教学的内涵和原则

#### （一）体育教学的基本内涵

学校体育目标的实现离不开体育教学这一基本组织形式，同时也是学校体育的一个重要组成部分。体育教学具有目的性、计划性和组织性，将相关知识与技能传授给学生，发展学生的智力，培养学生的品德，促进学生良好个性的形成，这个教育过程与其他学科教学相似。但体育教学又有其自身的独特性，学校体育目的的实现、体育任务的完成都要通过体育教学这一重要途径。体育教学的范围很广，不仅是指学校体育，还涉及竞技体育、社会体育等领域。综上分析，可以将体育教学定义为：在学校教育中，学生在教师的指导下，积极主动地学习和掌握体育基本知识、技能和方法，提高身心健康水平和身体活动能力，强化对自然环境和社会环境的适应能力，形成良好的思想品德和个性的过程。

#### （二）体育教学的重要原则

体育教学原则是对体育教学实践经验及规律的概括和总结，是实施体育教学最基本的要求，是保持体育教学最基本的因素，是判断体育教学质量的基本标准。

1. 提高学生体育乐趣的原则

"体育乐趣不仅可以通过身体活动间接影响体质健康，还可能具有直接促进体质健康的效用。"[①] 提高学生体育乐趣就是在体育教学中让学生在掌握运动技能和锻炼身体的同时，体验运动带来的乐趣，使学生喜爱运动并养成运动的习惯。提高学生体育乐趣原则是依据运动中的游戏特性和体育教学中运动情感变化规律提出的。让学生通过体育教学和运动体验到乐趣，并对此产生兴趣，是提高体育教学质量的必然。

---

① 袁浩，辛飞，王兴泽．体育乐趣对儿童青少年身体活动与体质健康影响的研究进展[J]．首都体育学院学报，2022，34(6)：688.

（1）正确处理和对待运动中的乐趣。每个体育运动项目都有其特殊的固有乐趣，这些乐趣来自项目的运动特点和比赛特征，在教学过程中教师要正确处理和对待。对这些乐趣不能盲目地追求，而应该从教学目标和教学手段两个层面去汲取对教学过程有用的、有积极意义和价值的乐趣。

（2）乐趣的基础是获得成功的体验。在体育教学过程中，要使学生体验成功的乐趣，就要注意在教学方法和教学内容的选择上加以思谋，使大多数学生都有机会体验成功，而不是体验挫折。

2. 培养学生体育技能的原则

培养学生体育技能的原则是指在体育教学中要不断提高学生的运动技能，提高学生的运动成绩，实现有效的体育教学。培养学生体育技能的原则是依据较好地掌握运动技能，有利于体育教学条件下运动技能形成规律提出的。不断提高学生的运动技能是体育教学最基本的要求，是判别体育教学是否有效和高质量的标准，也是判别体育教师教学能力的标准。

（1）正确认识运动技能的提高在体育学习中的重要意义。掌握运动技能既是体育学科"授业"之本职，也是体育学科"解惑"的重要基础，掌握运动技能是锻炼学生身体、发展学生运动素质以及体验运动乐趣和掌握体育锻炼方法的前提。体育教师要充分认识运动技能的提高在体育学习中的重要意义，认真搞好运动技能教学。

（2）创造提高运动技能的环境和条件。要让学生很好地掌握运动技能，还必须创造良好的技能学习条件。其中包括教师自身的运动技能水平和教学技能，也包括对场地器材的设置和教学环境的优化，还包括对学生集体的组织和开展学生间的相互交流、相互评价等。

（3）钻研"学理"和"教法"，提高教学质量。让学生很好地掌握运动技能，就必须摸清运动技能掌握的规律，特别是在体育教学条件下的运动技能掌握规律。体育教学的时间相对有限、学生众多、教学场地和器材有限，这些条件与运动员训练和学生自由运动的条件相差甚远。因此，我们必须研究体育教学中技能提高的途径和规律，这就是"学理"研究和根据"学理规律"的教法研究，这类研究的积淀是制订科学的体育课程以及提高体育教学质量的前提和保证。

## 二、高校体育教学的基本认知

### （一）高校体育教学的构成要素

高校体育教学的构成要素是指高校体育教学的结构要素与过程要素。

1. 高校体育教学的结构要素

对体育教学具有影响的各种要素及其相互关系就是体育教学的结构。体育教材、体育教法、体育教师、学生等都是体育教学的基本结构要素。概括而言，高校体育教学包括以下三个方面：

（1）主客体要素。主客体要素是高校体育教学的重要因素之一，主要指高校体育教师和高校体育教学中的大学生。

在高校体育教学的主客体要素中，高校体育教师是外部主导，主要职能体现为对高校体育教学进行计划、组织、管理、监控等。高校体育教师的专业素质将直接影响其职能的发挥和体育教学效果，因此要求高校体育教师有良好的敬业精神、业务能力等。

在高校体育教学中，高校体育教师的主要施教对象是大学生，这是高校体育教学的另一个重要主体。高校体育教师向大学生传授体育知识与技能，但大学生不能只是简单、被动地接受，必须在教师的指导下积极主动地参与学习，发挥自己的聪明才智，从而取得良好的学习效果。因此，从广义上而言，在高校体育教学中，大学生是一个主要制约因素和重要调控因素。在教学过程中，大学生作为受教育者和施教对象，是一个群体，在很多方面存在共性；但因为各方面因素的影响，大学生之间的个体差异也很明显。大学生能否主动地参与体育学习，对教学质量好坏有决定性影响。而针对大学生的特点和差异，因材施教，调动大学生的学习兴趣与热情又是体育教师的一个主要职责。

（2）教学要素。高校体育教学要满足社会对大学生的要求，这主要体现在高校体育教学任务、教学内容、教学大纲与教学计划等要素中，这些要素在高校体育教学的结构因素中，属于教学要素。连接高校体育的教与学是这类要素的主要作用。高校体育教学过程是由体育教学任务、内容和计划等要素组成的，并以这些要素为依据组织与实施教学。高校体育教学任务和体育教学内容的价值均体现在两个方面，即显性和隐性，将这两类价值的关系处理好，可促进学生健康、和谐地发展。

（3）媒介要素。高校体育教学是在一定的时空条件下对相关信息进行有序传递的过程。媒介是传递信息的必备条件，具有针对性、可控性、安全性、抗干扰性及实用性等特征。高校在体育教学中，要想顺利地传递信息，必须具备场地器材、环境设备、组织教法等重要媒介。高校体育教学质量能否得到保证，一定程度上要看是否具备高质量、现代化的媒介条件。

在高校体育教学过程中，这三大要素是动态结合、不断变化的，其中最为重要的是教师的主导作用。体育教师应掌握并熟练运用各种教学艺术，将大学生的学习积极性充分调动起来，将各种要素调控好，从而提高教学质量，顺利完成教学任务。

2. 高校体育教学的过程要素

高校体育教学的过程要素具体包括以下方面：

（1）教学目标。通过体育教学要达到的结果就是体育教学目标。体育教学的价值取向主要体现在体育教学目标中。只有确定了体育教学目标，体育教学才会有明确的方向，体育教学的出发点和最终归宿也才能确定下来。而且，在体育教学评价中，体育教学目标是一个非常重要的定向参考因素，如果没有确定教学目标，体育教学将会漫无目的地盲目开展，体育教师也就无法掌控教学过程。

（2）教学内容。在体育教学中，体育教师给学生传授的体育与健康知识、技能和方法等都是体育教学内容。体育教学目标能否达成，体育教学质量能否提高，直接受体育教学内容的影响。只有科学选择体育教学内容，并有效实施，才能使体育教学过程更加顺利，才有可能完成体育教学目标，并使体育教学质量得到提高。体育教学如果没有明确的教学内容，就不能称为体育教学，而只是体育锻炼，这时体育就不再是一个学科了，而是一项活动。因此选编和运用体育教学内容非常重要，在开展这项工作时，要对学生需要、社会需求、学科体系进行充分考虑。

（3）教学策略。体育教师以体育教学目标和学生的具体情况为依据而选择的有效教学技术和手段就是所谓体育教学策略。此外，有助于学生理解教学内容的各种信息及信息的传递方式也属于教学策略的范畴。体育教学策略与体育教学目标、体育教师、学生等因素密切相关，这一要素对体育教学工作的成败和效率的高低有直接的影响，所以为了更好地开展体育教学，完成教学任务，需要对体育教学方法、组织形式和手段进行科学选用。

（4）教学评价。依据体育教学目标制定标准，运用有效评价等技术手段测定与衡量、分析与比较体育教学活动过程及其结果，并进行价值判断的过程就是体育教学评价。促进体育教学质量的提高和学生的全面发展是体育教学评价的主要目的。作为体育教学的一个重要因素，体育教学评价与教学目标、教师等因素的关系非常密切，一般体育教学评价指标由教师根据教学目标制定。

## （二）高校体育教学的重要任务

学生的体质是高校为社会培养人才的一个重要保证，作为高等教育的重要组成部分，高校体育的重要性日渐突出。高校体育要实现的目标既要依照体育功能、大学生所处的年龄段，还要依照教育事业和现代社会的发展需要，让大学生具备健康体育的意识，提高体育技能，自觉坚持体育锻炼，增强自身体质。让大学生有正确的体育观念、良好的行为习惯和思想品格，全面发展德、智、体、美、劳，为发展社会主义事业打下良好的基础。以下任务可以帮助高校体育更好地实现目标：

1. 锻炼身体，健康发展

增强体质、增进健康既反映了体育具备的最本质功能，也符合当前我国大学生身心健康发展和社会主义建设的需要。大学生基本都处在最具生命活力的青年期，特别注重身心的健康发展，可以在这一时期督促大学生对体育健康的学习，让大学生养成良好的生活习惯，身体健康和心理健康两手抓，鼓励大学生参加各种各样的文化活动，坚持锻炼身体，保证大学生的内脏功能和身体发育良好，增强体质，让锻炼更有效果，增加身体抵抗力，具备快速适应环境和参与各种活动的能力。

2. 掌握知识，养成习惯

为保证大学生具备正确的体育意识，充分了解体育健康知识，激发出大学生参与体育锻炼的热情，保证身体健康，就需要大学生不断学习有关体育和健康方面的知识，要科学地参与运动项目的锻炼，熟练掌握其技术，并养成坚持锻炼身体的好习惯，这些可以很好地满足大学生以及当代人身体健康的需要。

3. 培养品格，促进发展

育"体"和育"心"在高校体育中同样重要。体育本身具备的特征为高校体育提供了多种多样的形式，但要在筹备体育竞赛、开展运动训练活动、安排体育课程等过程中时刻关注对其思想和意志方面的学习。鼓励学生积极锻炼身体，早日投身于建设社会主义现代化中；培养大学生具备奋发图强、敢于拼搏、吃苦耐劳、团结友爱的优秀品格；鼓励大学生积极养成健康的行为，具备发现美、表达美、热爱美的能力，让大学生实现更高、更好的追求，全面提高大学生在个性方面的发展。

4. 提高技术，培养人才

大学积极推动群众性体育活动的同时，也应着重培养一些具备专项运动才能、体育运动突出的大学生，科学合理地为他们安排训练活动，让大学生充分发挥体能和智能的长处。体育教师要始终遵循体育运动的规则，为大学生灌输正确的竞技教育知识，展开科学、系统的训练，让大学生的运动水平得到极大提高。这样不仅可以丰富大学生的课余生活，也有利于开展各类群众体育活动，还可以增加国家竞技运动人才的储备量。

### （三）高校体育教学的主要工作

1. 课程教学

课程教学是高校体育中的重要组成部分，是实现我国高校体育的目的与任务的主要途径之一。教育部把体育课改为体育与健康课，这为体育课教学工作的正常开展提供了强有力的法规保障。通过开设体育与健康理论课、体育实践课和体育保健课，向学生传授体育基础理论知识，提高大学生对体育的认识，树立终身体育的观念；学习科学锻炼身体的方法；掌握锻炼身体的基本技术；提高大学生的体育文化素养和体育欣赏水平。

2. 课外活动

课外活动作为大学生体育教育的重要组成部分，在高校体育教育中扮演着重要角色。课外活动，能够增强大学生的体质，保障大学生的身体健康。大学生可根据自己的身体状况及个人喜好并结合自身的职业发展需要选择适合自己的课外活动项目，制订科学合理的锻炼计划，从而促进身心健康发展。

（1）社会性体育竞赛。作为体育教育的另一重要形式，社会性体育竞赛一般包括校内和校外两种竞赛方式。前者通常是指校内举办的以班级、年级、院系等为单位的比赛项目，例如友谊赛、达标运动会；后者通常是指派校队运动员代表学校参加的校外体育比赛。不管是哪种方式都突出了社会性体育竞赛广泛性、群众性和多样性的特点。

（2）野外活动。在自然环境中开展的各种活动都称为野外活动。如人们常见的水上运动、冰雪运动、空中运动等，这些从活动环境上来看都属于野外活动。此外，人们经常提到的竞技类、健身类活动等也属于野外活动。各种各样的野外活动在陶冶大学生情操、提升大学生身体素质等方面起到了重要作用，这种作用是一般体育运动所不能替代的。目前野外活动在发达国家体育教育领域已非常流行，在我国也值得借鉴和引用。

## 三、高校体育教学的基本原则

所谓"原则"一词，在汉语中通常是指"观察问题、处理问题的准绳"，在英语中含有指导原理、基本要求的意思。因此，在教学原理中，通常把教学原则定义为对教学的基本要求和指导原理。教学原则对整个教学过程都起着指导作用。教学原则是指导教学活动的出发点，教师要根据教学原则来设计整个教学过程。教学原则是实施教学的总调节器，在整个教学进程中，教师要以教学原则来调节、控制教学活动。教学原则是衡量教学质量的准则，教学质量的高低，从根本上来说就是看教学原则贯彻得如何。因此，每个教师和教学管理者都必须掌握体育教学原则。

教学原则是规范性的，是属于主观性教学要素范畴的。教学原则是在总结教学实践经验、认识教学规律的基础上制订出来的。教学原则本身依据对教学规律的正确理解来制订。因此，我们将教学原则界定为：依据一定的教学目的，以教学规律的认识为基础，并用以指导实际教学工作的基本条文。由此可见教学原则具有规范性、时代性、理论性和多样性等性质和特点。

"体育教学原则是体育教学过程中必须遵守的准则或标准。"[①] 体育教学原则是对体育教学实践经验及规律的概括和总结，是实施体育教学最基本的要求，是保持体育教学最基本的因素，是判断体育教学质量的基本标准。

### （一）合理安排身体活动量原则

体育教学的特点是身体活动或称为身体运动，因此，在体育教学中要使学生身体所承受的运动负荷有效、合理，以达到锻炼身体、掌握体育技能的需求，这就是体育教学中合理安排身体活动量的原则。

合理安排身体活动量原则是依据体育教学的本质特点和体育教学的运动负荷规律提出来的。一般来讲，运动负荷就是学生做练习时身体所承受的生理负荷量，它由运动强度和运动量构成。运动强度就是单位时间内身体所承受的量的大小，运动量就是运动的内容、数量、时间等。在体育教学中，合理地安排身体活动量，使学生都能达到适宜的生理负荷量，才能在锻炼中收获锻炼效果。

一堂体育课的合理的身体活动量的安排是为实现课程教学目标而确定的，简单来讲，要根据课程目标、课程类型来安排不同的运动负荷。

体育教学过程中，参与学习、锻炼的学生存在个体差异，学生的体质不同、性别不同，具体到身体形态、身体机能、身体素质不同。因此，一定要根据不同学生的特点安排运动负荷。

运动负荷由运动强度和运动量构成，要使体育教学过程中学生的身体活动量适宜，就必须根据课程目标、教学内容、教学进度、教学设计等来调整运动负荷。调整方法无外乎调整运动强度或调整运动量两个方面。一般而言，强度大、量就小；反之，强度小、量就大，这是一般的体育教学运动负荷调整原则。在体育教学中一般对运动量进行调整，即调整练习的内容、练习的时间或练习的数量即可达到我们的适宜要求。

### （二）促进运动技能不断提高原则

促进运动技能不断提高原则是指在体育教学中要不断提高学生的运动技能，提高学生的运动成绩，实现有效的体育教学。促进运动技能不断提高原则是依据较好地掌握运动技能，有利于参与终身体育的规律和体育教学条件下运动技能形成规律提出的。不断提高学生的运动技能是体育教学最基本的要求，是判别体育教学是否有效和高质量的标准，也是判别体育教师教学能力的标准。

---

[①] 张小锋. 体育教学原则探讨 [J]. 科技风，2008（21）：112.

第一，正确认识运动技能的提高在体育学习中的重要意义。掌握运动技能既是体育学科"受业"之本职，也是体育学科"解惑"的重要基础，掌握运动技能是锻炼学生身体、发展学生运动素质以及体验运动乐趣和掌握体育锻炼方法的前提。体育教师要充分认识运动技能的提高在体育学习中的重要意义，认真搞好运动技能教学。

第二，明确运动技能学习的目的，有层次地掌握运动技能。学生掌握运动技能和提高技能水平与运动员不同，主要是为了娱乐和健身。因此，体育教学中的运动技能传授要树立"健康第一"和为学生终身体育服务的思想，要围绕"较好地掌握1~2项常用的运动技能""初步掌握多项可能参与的运动技能""掌握基本作为锻炼身体方法的运动""体验一些运动项目"等不同运动技能提高的目标，有层次和分门别类地让学生掌握他们终身体育所需要的运动技能。

第三，钻研"学理"和"教法"，提高教学质量。让学生很好地掌握运动技能，就必须摸清运动技能掌握的规律，特别是在体育教学条件下的运动技能掌握规律。体育教学的时间相对有限、学生众多、教学场地和器材有限，这些条件与运动员训练和学生自由运动的条件相差甚远。因此，我们必须研究体育教学中技能提高的途径和规律，这就是"学理"研究和根据"学理规律"的教法研究，这类研究的积淀是制订科学的体育课程以及提高体育教学质量的前提和保证。

第四，创造提高运动技能的环境和条件。要让学生很好地掌握运动技能，还必须创造良好的技能学习条件，其中包括教师自身的运动技能水平和教学技能，也包括对场地器材的设置和教学环境的优化，还包括对学生集体的组织和开展学生的相互交流、相互评价等。

## （三）注重体验运动乐趣原则

注重体验运动乐趣就是在体育教学中让学生在掌握运动技能和锻炼身体的同时，体验运动带来的乐趣，使学生喜爱运动并养成运动的习惯。注重体验运动乐趣原则是依据运动中的游戏特性和体育教学中运动情感变化规律提出的。让学生通过体育教学和运动体验到乐趣，并对此产生兴趣，是提高体育教学质量的必然。让学生在体育教学和运动中体验乐趣，是终身体育的要求，也是体育教学的目的。

第一，正确处理和对待运动中的乐趣。每个体育运动项目都有其特殊的固有乐趣，这些乐趣来自项目的运动特点和比赛特征，在教学过程中我们要正确处理和对待。对这些乐趣不能盲目地追求，而应该从教学目标和教学手段两个层面去汲取对教学过程有用的、有积极意义和价值的乐趣。

第二，乐趣的基础是获得成功的体验。在体育教学过程中，要使学生体验成功的乐趣，就要注意在教学方法和教学内容的选择上加以思谋，使大多数学生都有机会体验成功，而不是体验挫折。

第三，处理好体验乐趣与掌握运动技能的关系。掌握运动技能、提高身体素质是体育教学的首要目标，在体育教学中不能一味追求趣味化而放松了运动技能的教学，影响教学质量。在体育教学中既要掌握运动技能，又要体验运动乐趣，使学生在体育教学中享受到体育锻炼和体育学习带来的乐趣，二者要有机地统一起来。因此，在体育教学中，应把趣味性强和教学意义强的内容作为重点；把教学意义强但趣味性差的内容，通过教师的努力，赋予其有乐趣的因子，使教学饶有兴趣。

第四，开发多种易于学生体验乐趣的教学资源。教学资源的开发与利用对学生体验运动乐趣非常重要。教学内容的调整、练习条件的变化、场地器材的改变等都能给学生带来运动乐趣的体验，这需要教师认真地根据学校现有的各种条件进行挖掘与整合。

第五，体验成功不忘挫折、体验乐趣不忘磨炼。磨炼与挫折往往伴随着成功，所有的成功必须经过磨炼、挫折与失败才能得到，这是一条普遍的规律。在体育教学中我们要让学生经历这些磨炼与挫折，但要把握好度，以不挫伤学生学习的积极性为限。

### （四）因材施教原则

因材施教原则是指在体育教学中要贯彻"面向全体学生"的精神，根据每一个学生的具体情况，实施各不相同的、有针对性的教育，使每一个学生的运动技能和身心健康都能在各自的基础上得到充分的发展。

因材施教原则是依据体育教学受制于学生身心发展的特点规律提出的。学生的身心发展在一定年龄阶段上虽然具有一定的稳定性和普遍性，但是由于每个学生的发展受遗传、生长环境等变因的影响，同一年龄段的学生的身心发展又表现出很大的差异性，而运动方面的差异性就更为明显。因此，体育教学必须充分考虑这些个体的差异，坚持因材施教的原则，争取使每个学生都得到平等的教育和充分的发展。

第一，深入细致地研究和了解学生。在体育教学中要贯彻因材施教的原则，第一件事就是了解学生个体差异的情况，为进行因材施教的教学做好准备。充分了解和研究学生是良好教学的基础和出发点，教师可通过问卷调查、查阅资料和询问班主任等方法对学生进行细致的了解，弄清学生在身体条件、兴趣爱好和运动技能等方面存在的个体差异，并对这些个体差异进行全面的分析，在此基础上考虑区别对待的对策。对学生的个体差异不能用静止的眼光来看待，而要用发展的观点来对待。

第二，正确看待和引导学生正确对待个体上的差异。在体育教学中要贯彻因材施教的原则，还必须正确看待和引导学生正确对待个体上的差异。教师自己不仅要告诉同学们不能歧视身体条件比较差的学生，也不能偏爱身体条件比较好的学生，且要告诉同学们：人在各个方面存在个体差异是很正常的事情，特别是在身体和体育方面，人的个体差异更加明显。同学们不要因这些差异而沮丧，也不能因这些差异而自满，要有自己的发展目标和努力方向。还要告诉学生用发展的观点来看待个体间的差异，引导学生要互相帮助、互相学习、互相评价。通过这样的活动和教育使师生在思想上具有正确对待个体差异的认识和行为。

第三，通过各种体育教学组织形式创造因材施教的条件。在体育教学中，教师要采用多种教学的组织形式来因材施教，如采用各种类型的"等质分组"（按体能分组、按身高分组、按体重分组、按技能水平分组等）的形式来进行区别对待的教学。对身体条件和运动技能有缺陷的同学要给予热情关怀和照顾；对身体条件和运动技能都好的学生，也要为他们的进一步发展创造条件，提出更高的要求，从而保证全体学生都能有所进步，使每个学生都能体验到学习和成功的乐趣。

第四，采用各种体育教学方法进行因材施教。因为有些体育教学的场合是不能以"等质分组"的形式来解决区别对待的问题的，因此，还要运用各种区别对待的教学方法来因材施教，如"五分手篮球""目标跳远"等教学方法，这些方法既能让每个学生拥有自己的挑战目标，去实现自己的突破，又能与强手一起同场竞技。

第五，把因材施教与统一要求结合起来。统一要求是面向多数学生，而因材施教是面向全体学生；统一要求是客观评价标准，而因材施教是主观评价标准；统一要求与学籍管理有关，而因材施教与学习自觉性有关，总之，统一要求和因材施教都是体育教育的目标和手段，两者不可偏废。

### （五）提高运动认知和传承运动文化原则

提高运动认知和传承运动文化原则是指在体育教学中通过运动知识和运动技术的学习，培养学生的运动认知能力，提高学生对运动文化的理解，传承运动文化。提高运动认知和传承运动文化原则是依据运动实践与运动认知相互促进的规律提出的。

运动认知是通过各种运动体验形成的一种特殊的认知方式，擅长运动的人在身体反应、神经传递方面等有突出的能力，反应快速、动作敏捷，这就是运动认知水平高的表现。运动认知的获得与提高不仅与人的学习、工作、生活密切相关，而且也与人的健康和幸福有密切关系。在学校教育中，不同的学科担负着不同认知能力的培养任务，体育教学是学生获得运动认知的最重要的场所。体育学科的价值就是培养和提高学生的运动认知能力，促进学生认知能力的全面发展。运动文化是人类灿烂文化的重要组成部分。对于这一前人创造的优秀文化，后人必须将其世代传承下去。因此，传承运动文化是体育学科的重要任务之一。

第一，重视体育学习中的"认知"因素，要完成"学懂"的目标。要通过体育教学，实现学生的既"会"又"懂"，"会"是指对运动技能的掌握，"懂"是指对运动技能原理掌握和运动文化特征的理解。学生对运动技能原理掌握的理解有利于他们在未来的体育锻炼实践中可以"举一反三"；而学生对运动文化特征的理解则有利于他们区别运动文化与其他文化的本质与形式，以便于更好地融入体育实践，二者都与学生的终身体育有着密切的关系。

第二，重视培养运动表象和再造想象。运动表象和再造想象是学生形成动作、掌握运动技能的基础。学生头脑中运动表象的储备越丰富，再造想象力越强，运动动作掌握得也就越迅速、越准确。由于学生对某一动作的认识在很大程度上依赖于他对此动作所形成的表象。因此，教师在体育教学中要经常注意学生是否形成适当的运动表象，以帮助学生获得正确的认识和知识。使学生通过教师的示范、讲解或观看录像等，并经过自己的模仿练习，形成正确而清晰的运动表象的同时，通过再造想象过程，使动作得以巩固、熟练从而达到自动化。

第三，重视"发现式学习"和"问题解决式教学法"。在体育教学中要重视"发现式学习"和"问题解决式教学法"等学习方法，以提高学生发现问题和解决问题的能力，并不断提高学生对运动原理、运动学习方法的理解，提高体育教学的"智育"质量，并使这种理性的认识成为学生终身体育实践能力的一部分。虽然体育教学与其他认知类学科在教学过程上有很大的不同，但体育教师仍然要注意遵循学生的认知规律来考虑体育教学过程，教师要事先将运动教材中的有关原理和知识进行归纳和整理，组成"课题串"和"问题串"来构建认知性的教学。

第四，开发有利于学生认知的教学方法与手段。要提高体育教学中开发认知的任务，就必须大力开发有利于学生认知的教学方法与手段。在教学方法层面，要重视对设疑提问、问题验证、学习讨论、集体思考和集体归纳等教学方法的开发。在教学手段层面，要重视对黑板、模型、计算机课件、学习卡片等提高学生认知的教学手段的开发，从而把运动技能学习和运动认知的提高紧密地结合起来。

### （六）在集体活动中进行集体教育原则

在集体活动中进行集体教育原则，指在体育教学中要发挥运动集体的作用，在集体中特别是在小群体的自主性活动中对学生进行集体教育，培养学生正确的集体意识和良好的集体行为。在集体活动中进行集体教育原则是依据体育运动以集体活动形式为主，体育学习依赖体育学习集体形成的特点以及体育学习集体组成、发展和分化的规律提出的。

体育活动以竞争、协同、表现为主要特点，这些特点又都与集体活动密切相连，且许多项目与集体作用很强的小群体联系密切，有些运动的比赛就是以5~6人的小群体的形式出现的，如篮球为5人、排球为6人、小足球为5人、健美操和艺术体操为6人组合等。因此，体育运动与集体形成有着天然的联系。此外，体育的教学不同于教室中的教学，受场地、器材和活动范围的影响，体育的学习形式也是经常以小组的形式来进行的，这使得体育学习方式也与集体形成有着内在的关联。

从体育教学目标来讲，对学生进行集体教育既是学生社会化的要求，也是学生形成良好的集体行为参与终身体育锻炼的需要。因此，体育教学要充分发挥体育的集体教育因素，为学生未来参与社会体育打下基础。

第一，分析、研究、挖掘体育活动和体育学习中的集体要素。体育活动和体育学习中的集体要素很丰富，集体要素中的"共同的目标""团队的意识""领导核心""职责的分担""规则的建立""共同的活动"以及"共同的活动场所"都存在，而且都有充分的体现。体育教师应该加强对这些因素的关注和研究，把这些因素有目的、有意识地组织到学生的集体活动和体育学习中，这就为学生的集体意识和集体行为的培养打下了基础。

第二，善于设立"集体学习"的场景。集体教育主要依据两个前提条件，一个是"共同学习的课题"，另一个是"共同学习的平台"。"共同学习的课题"就是每个学生都关心、都具有学习欲望的学习任务，它可能是一个要解答的难题，一个关键的技术和战术学习，一个需要毅力或智力的练习课题，也可能是一个关系到小群体荣誉的比赛，等等。这样的课题的提出是凝聚学生集体意识和产生集体行为的关键因素。"共同学习的平台"就是小群体的组织构成和组织形式，但它不单是一个单的分组，也不是几个人凑在一起的简单行为，它是建立在"共同的目标""团队的意识""领导核心""职责的分担""规则的建立""共同的活动"以及"共同的活动场所"等集体因素上的集体的实在体。"共同学习的平台"是学生集体意识和集体行为培养的载体和依托。

体育教学要贯彻在集体活动中进行集体教育原则，就必须通过教材研究挖掘那些有意义的、与运动技能教学联系紧密的"集体共同学习的课题"，还要通过教学组织方法的改进去有意识地形成各种有效的"集体共同学习的平台"，这样集体教育才可能落到实处。

第三，开发有助于集体学习的教学技术和手段。体育教学要贯彻在集体活动中进行集体教育原则，还必须有集体教育的技术和手段的支撑。现在国内外的体育教学中已经开发出有利于学生集体内、集体间交流的许多教学技术和手段，教学技术有：形成团队凝聚力的方法、集体讨论的形式、在全班面前的小组报告、小组内同学之间的相互评价等；而教学手段则主要体现在组内互动的媒介——"学习卡片"的开发和运用上。这些特殊的教学技术和手段为在体育教学中贯彻在集体活动中进行集体教育原则提供了技术上的保证。

第四，处理好集体学习和个性发展之间的关系。体育教学既要贯彻在集体活动中进行集体教育原则，还要注意发挥学生的个性，学生的个性发展和集体教育是相辅相成的。良好个性的体现应是在集体的道德共识和集体的行为规范范畴内的个体创新，而集体也应是包容了各种被允许的个人思想和行动自由的群体集合。我们决不能一谈"集体教育"就否定那些合理的、个性化的思想和行为，更不能一谈"个性发展"就纵容那些有悖于集体利益的不合理思想和行为的存在，要把"集体教育"和"个性发展"有机地结合在集体的活动和学习中。

### （七）安全运动和安全教育原则

安全运动与安全教育原则是指在体育教学中，要创造和提供使学生安全地从事体育运动的环境，同时对学生如何进行安全运动的教育。安全运动与安全教育原则是依据以剧烈身体活动和器械上身体活动为主要内容的体育教学，既是安全的难点，又是安全教育的重点。

体育是以角力活动、非正常体位活动、剧烈身体活动、器械上身体活动、持器械身体活动、野外活动、极限探险运动动构成的教学活动。因此，体育是一项与危险同在的文化活动，初学者在学习这些运动时危险的因素就更多一层。为此，体育教学既有确保安全的难点，又有进行安全教育的重点。体育教学的"安全运动和安全教育原则"可以说是一个一票否决性的要求，如果一堂体育课在安全活动上具有重大隐患，那么其他方面设计得再周到也是失败的。

第一，时刻对学生进行安全运动的教育。要在体育教学中贯彻安全运动与安全教育原则，必须有广大同学密切配合。因此，体育教师要时时刻刻地对学生进行安全运动的教育，要让每个同学都绷紧安全的这根弦，利用专门时间讲解保证安全的知识和要领，教会同学们互相帮助的技能。

第二，建立与运动安全有关的安全制度和安全设备。对于一些比较危险的教学内容要制订严格的安全制度，限制那些危险部分的教学内容和教学手段；对于一些较易发生危险的体育设施要安装必要的保护装置和必要的警示标志，警示学生在自主性学习时要注意防范危险。

第三，在体育教学中要安排负责安全的小干部。教师还要充分利用体育委员和其他学生干部共同防范危险，确保全班同学的运动安全。

## 第二节　我国体育教学理论的发展

### 一、我国体育教学理论的定位与演进

#### （一）我国体育教学理论的定位

1. 学科性质

学科性质是学术的分类特质，指一定的科学领域或一门科学分支的特质。对一门学科性质的认定，关系其在科学领域的归属和分类等许多重要问题。体育教学理论的学科性质问题，是这门学科得以确定的基本问题，体育教学理论之所以能够独立于其他学科而存在，就是由其特有的性质决定的。

按照目前体育教学理论已有的科研成果及社会科学对学科性质整体归类，学科的性质可以分为三类：理论科学、应用科学、理论兼应用科学。但是对体育教学理论的学科性质的界定，还不能简单地套用这三类。因为对学科性质的界定，不仅要综合考虑这门学科的相关特点及相关的概念，同时还受其他相关学科性质的影响。

体育教学理论作为教学论的分科教学论，它的学科性质要在综合教学论的认识基础之上，并且结合体育学科自身的特点，概括出体育教学理论的学科性质。体育教学理论不仅要有体育教学理论知识的教学，还要把这种理论应用到实践教学中。因此，体育教学理论既要根据体育教学实践发展的需要，总结出各种类型的具体教学模式、教学策略、教学设计方法、教学技术等，还要在这些实践中总结、概括出普遍的规律，以便更好地指导理论教学。因此，体育教学理论定位可以概括为实践性很强的理论型应用学科。

2. 研究对象

任何一个学科的发展都应有一个核心领域，都有其特定的研究对象。特定的研究对象是一门学科产生和存在的客观依据。因此，明确体育教学理论的研究对象，是实现体育教学理论科学化的首要问题，对体育教学理论的学科建设与发展具有十分重要的意义。确立体育教学理论的研究对象必须把握以下方面：

（1）体育教学理论所确定的研究对象是客观存在的，但这并不是说体育教学领域中所有客观存在的都是体育教学理论的研究对象。

（2）区分体育教学理论概念的内涵与体育教学理论的研究对象。体育教学理论的定

义是揭示体育教学理论这个概念所反映的对象的本质属性，体育教学理论的研究对象是指体育教学理论要研究什么。

（3）区分体育教学理论的研究对象与研究任务。体育教学理论是研究体育教学一般规律的科学，并不等于体育教学理论的研究对象就是教学规律。

（4）体育教学理论的研究对象是由它所要解决的特殊矛盾的任务决定的。要界定体育教学理论的研究对象，就要弄清体育教学理论所要解决的特殊矛盾是什么。体育教学理论之所以区别于其他学科，是因为它是研究教与学的矛盾。因此，要抓住教与学这一本质的联系，也就抓住了教学研究的根本。

（5）区分体育教学理论研究的客体与研究对象。体育教学理论研究的客体是整体的体育教学活动，不能把研究的客体纯粹地等同于研究对象，因为体育教学活动这一客体是学校体育教学活动所指向的对象。

体育教学理论的研究对象是从体育教学中所要解决的特殊矛盾、体育教学的任务及教与学的问题出发，来研究体育教学活动中所面临和所要解决的问题。

3. 基本范畴

对于一个学科来说，基本范畴无疑是这个学科最基本的问题。诸如一个学科的基本属性、研究对象、研究方法等都可以算作这个学科的基本范畴。由于体育教学是一个复杂教育现象的统一体，因此，想弄清楚体育教学理论的研究范畴，也要从多方面来考虑。

体育教学理论研究的三个基本范畴：学生、体育理论与技术和媒介。在基本范畴的进一步演绎下，得出体育教学理论研究的内容体系。

（1）学生范畴表现出来的研究内容有体育教学过程中的主体性，体育教学过程中的主体、客体，及其相互间的关系问题，如何培养学生的主体性发展问题，等等。

（2）体育理论与技术范畴表现出来的研究内容有体育教学过程、体育教学内容、体育教学系统、体育教学规律与原则、体育教学方法、体育教学模式、体育教学组织形式等。

（3）媒介范畴所表现出的研究内容有体育教学过程的主体性、体育教学目标、体育教学环境、体育教学艺术、体育教学管理与评价等。这些研究内容构成了体育教学理论的学科体系。

## （二）我国体育教学理论的演进

伴随着中华人民共和国的成立，我国进入了现代发展时期。自20世纪70年代开始，我国体育教育迎来了一个新的发展时期。同时，社会各界都认识到体育教学思想的重要性，我国政府也对学校体育教学的基本任务进行了明确，即在增强和改善学生体质的同时，促进学生的全面发展。此外，我国政府在这一时期明确规定，各个学校应以自身特点为依据，开展多样化的体育活动竞赛。

20世纪80年代初，由于受到国际竞技体育思想的影响，我国的一些学校尝试在开展体育课时以某一项运动训练为主，结果大大增强了学生的体质。自此，竞技体育成为体育教学的重要指导思想之一。在这一体育教学思想的影响下，我国逐渐建立了竞技化的体育教育体制，促使学校在开展体育教学时日益重视运动训练，以发展学生的竞技体育能力，培养我国竞技体育事业所需要的人才。不可否认，这一体育教学思想为我国竞技体育人才的发现与培养产生了积极意义，但也存在过度强调学生的竞技体育素质、忽视学生体育学习兴趣的不足。因此，这一时期的学生在参与体育活动时，普遍存在积极性不高的情况。

为了改变学生参与体育活动积极性不高的情况，我国提出了快乐体育教学思想。快乐体育教学思想与我国提出的素质教育思想是相通的，即强调在体育教学中切实将学生当作中心，重视师生之间形成和谐的师生关系，让学生在体育学习的过程中能够获得快乐和成功的感觉，继而促进学生体育学习兴趣的提高。

在进入20世纪80年代后，伴随着体育教育的不断发展，产生了体育的整体效益论思想。该体育教学思想认为，在对体育教育进行认知时，必须涉及生物、心理和社会三个维度，即体育教育应促进学生身心的全面协调发展。

到了20世纪90年代以后，我国的经济不断得到新的发展，社会生活水平也有了大幅提升。在此影响下，新的体育教学思想不断出现，体育教学也随着得到了有效改革。其中，比较有代表性的体育教学思想有"以人为本"体育教学思想、"健康第一"体育教学思想、终身体育思想以及创新教学思想等。这些新的体育教学思想与我国新时期的社会发展现实和发展需要是相符合的，因而能指导我国体育教学不断取得理想的效果。

进入21世纪以后，我国学校体育教学改革仍在继续，新的体育教学思想理念也将不断涌现，从而推动我国体育教学的进一步发展与完善。

## 二、体育教学理论发展与研究趋势

### （一）逻辑结构趋于科学化

"学科"必须在一定程度上反映"科学"的结构。"学科"的内容不是片段的、枝节的知识集合体。"学科"不能没有逻辑，而且"学科"的逻辑应依存于"科学"的逻辑。换言之，科学的逻辑框架在长时期内是相对稳定的，"学科"的内容应当依据这一框架加以厘定。每一种教育理论都是一种逻辑上复杂的结构，可以用大量不同的方法加以评价。就其包含经验判断而言，要受有关的经验事实的检查；就其包含价值判断而言，要受各种哲学论点的责难；就其是一种论点而言，要受内部的一致性的检验。假如某种教育理论经不起其中任何一方面的检验，人们就不会用它来指导教育实践。因此，理解一种教育理论如体育教学理论的科学逻辑结构是十分重要的。

要研究体育教学理论的学科逻辑结构，还要关注其学科性质，因为不同学科性质的体育教学理论有不同的逻辑结构。学科可分为理论学科和应用学科，而体育教学理论学科定位为融理论与应用为一体的综合学科。作为综合学科，它既要包含"描述—解释"的理论，又要包含"构想—规范"的理论。教育理论是一种实践性理论，它与描述性理论、解释性理论（后两种又称"科学理论"）在结构上有很大不同。

体育教学理论的学科逻辑结构应该趋向于在对体育教学理论"描述—解释"的基础上，即对体育教学理论相关概念、发展历程等的描述解释的基础上，对体育教学实践理论遵循目标假定、对象假定、内容和方法假定的逻辑顺序进行阐述，这就构成了体育教学理论的逻辑体系。

## （二）教材体系趋于理性化

作为体育教学理论学科体系最直接的反映，体育教学理论的教材体系发展呈现出理性化发展趋势。教材体系不仅从严格的逻辑出发组织教材内容，构建教材结构，强调教材的逻辑性，注重理性分析，力求把教学论知识囊括在严密的逻辑框架之内，而且兼顾了教材编写的规范。

1. 教材逻辑结构趋于科学化

体育教学理论教材内容的编排逻辑，一直是困扰体育教学理论研究者的问题，只有找到科学的逻辑线索才能解决这个问题。体育教学理论知识大致包括三个方面：①静态的"形而上学"知识；②体育教学进程的动态知识；③体育教学（理论）发展过程的动态知识。可以用"教学问题"作为"体育教学理论"的内容选择和组织的基本线索，因为体育教学问题既是作为科学问题提出来的，又是由已有的体育教学理论知识中整理总结出来的，实质上他们内在地统一了体育教学理论研究者的思维逻辑和学习者的认知逻辑。

根据体育教学理论学科的逻辑，结合"教学问题"作为内在的逻辑线索，并考虑到科学研究一般遵循从特殊到一般、从具体到抽象的归纳逻辑，具有长期性，而学生学习过程则普遍遵循从一般到个别、从抽象到具体的演绎逻辑，教材应当遵循学生学习过程的规律。

2. 紧密联系教材的编撰原则

教材编写改革已经是一种趋势。因此，我国体育教学理论教材的编写工作应适应教材编写的改革趋势，除遵守教材编写的一般规范，还应该把教材编撰原则的发展趋势纳入其中。

在编撰原则上应遵循：多元化视角——教材应有清晰的逻辑结构，以不同的视角来解析教材的逻辑；国际化视角——在编写教材时，应参考借鉴国外相关学科的经验；密切联系实际——引导学生掌握解决实际问题的途径和方法；遵循学习和认知规律——教材的编写应重视学生自学能力和理解能力的培养，教材应多采用大量的例证。

在教材设计与编排方面：前言或序言，不仅要介绍该书的特点、特色、再版时增补的具体内容和原因等，还要向读者交代该书的使用方法，有哪些教学和学习资料等；目录，除正常的目录外，还可提供详细目录、图表目录或专题目录；参考文献，可以设计成引导学生进一步阅读的导读书目，书目的编排也应注重方式。

## （三）内容体系趋于整合化

1. 体育教学理论研究成果的整合

（1）已有内容的整合。体育教学理论在 20 世纪末出现了飞速发展，特别是在成为独立学科之后，其学科内容迅速得到充实。但体育教学理论的学科内容反映在教材中，出现了总结、综合前人或他人研究成果时概括层次不高，未能有机地纳入自己的体系的情况。

（2）对新兴的体育教学理论的整合。随着学校体育的快速发展，体育教学理论日新月异。体育教学理论作为一个开放的学科，学科的内容在不断地吸收、改造这些研究成果的同时，也在进一步提高抽象、概括水平，努力追求学科内容的整合。

2. 体育教学理论与课程论的整合

我国基础教育的新一轮课程改革，新课程要求教学的"动态化""人性化""探究性"，同时从课程目标、课程内容、学习方式、课程资源等方面提出了全新的理念，使得体育教学理论在处理教学实践时遇到很多新问题。在进行体育教学时，就需要思考应该采用什么样的教学方法、手段，运用什么样的教学内容来完成目标。

此外，随着课程论研究的深入，课程结构已突破了以往单一的学科课程的格局，课程形态日益多样化，潜在课程、综合课程、活动课程进入人们的视野。体育教学理论作为培养体育教师、研究教学理论的学科，只有整合课程论的研究内容，才能满足自身体系发展的需要。

3. 体育教学理论与学习理论的整合

随着体育教育研究的发展，体育学习理论逐步引起了体育教学理论研究者的重视。学习理论不管是对指导普通文化教学还是体育教学都起着至关重要的作用。特别是新课程改革，它要求教学要以学生的学习为主体，要求教师不仅要知道怎样教，还要了解学生的"学"到底是一个什么过程。换言之，就是不仅要知道教学理论的知识，还要知道学习理论的知识，更要能够把教学理论与学习理论密切联系起来应用于实践。因为只有了解了学生的学习是一个什么过程，才能更好地对他们实施教学，所以把体育教学理论与学习理论整合是很有必要的。

## 第三节　高校体育教学的特点与目标

### 一、高校体育教学的基本特点

#### （一）体育技术为主，体育理论为辅

大学生进行体育学习，主要是为了锻炼身体、增强体质，从而为更好地建设祖国贡献自己的力量。

首先，体育技术是大学生的主要学习内容，也是体育教师的主要教学内容。大学生在反复的学习与练习中，将所学技术转化为技能，从而能够通过合理有效的方法来锻炼身体。

其次，体育知识也是大学生需要掌握的体育教学内容，目的是为身体锻炼提供科学指导。

一般在高校体育课程设置中，体育技术内容所占的比例要比体育理论知识所占的比例大，这是体育教学与文化课程教学在内容设置上的主要区别。文化课程教学以文化知识为主要教学内容，学生在掌握这些文化知识的基础上才能更好地从事生产实践，更好地在社会实践中发挥自己的能力；而体育教学以技术和技能内容为主，以体育技术为主、体育理论为辅的设置方式有利于促进大学生身体健康成长。

#### （二）强调身体活动，教学组织多样

在文化课程教学中，学生主要通过思维活动对教学内容加以掌握，而体育教学与文化课程教学的不同在于，学生除了要动脑外，还要亲身参与活动，即除了参与思维活动外，还要进行身体活动。在身体活动中，通过肌肉感觉，向中枢系统传递信息，经过大脑的分析与综合，从而在理性上认识体育技术和技能。大学生如果缺少必要的身体活动，是无法

对体育教学内容加以掌握的，尤其不可能掌握技术技能类教学内容。

大学生在体育活动过程中，身体反复受各种条件刺激，从而建立起条件反射，对体育技术加以掌握。在这个过程中，学生不但能够学习体育技术，而且能够锻炼身体，增强体质，提高身心健康水平。在高校体育教学中，大学生不可避免地要做一些身体活动，这有利于其身体、心理的发育和成长，有利于其保持充沛的精力。

体育教学以集体教学为主，但因为学生性别、性格、身体素质、活动能力等方面的差异，再加上体育教学容易受客观环境的影响，所以组织形式必须多样，从而满足不同学生的需求，适应不同学生的特点，进而提高教学效果。在高校体育教学中，体育教师要善于运用社会学、教育学、生理学、心理学等多学科知识来对体育教学进行精心的组织，从而使体育教学过程与教学规律的要求相符。

### （三）培养思想品德，提高心理素质

体育运动有自己独有的特征，体育教学就是通过这些独特性对学生产生积极作用的，具体分析如下：

第一，竞赛性是体育运动的一个特点，正因为这个特点，体育教学才能够对大学生的竞争意识与竞争精神进行培养。

第二，体育具有规则性，因此能够培养大学生诚实守纪的品质。

第三，体育运动要求参与者克服自身生理负荷，并勇敢面对客观条件的阻力。因此，有助于培养大学生勇于拼搏的意志品质与吃苦耐劳的精神。

第四，体育活动具有群体性，能够对大学生的交际能力与协作能力进行培养，同时能够引导大学生树立良好的集体主义精神与爱国主义精神。

总之，当代社会的发展要求大学生具备良好的思想品德和心理品质，体育教学在这方面的作用是不可替代的。

在新时代，体育教学的教育功能变得越发鲜明和突出。当今世界正在进行新技术革命，这一方面给世界各国带来了良好的发展机会，另一方面也给各国带来了巨大的挑战。人才的发展可以推动科技的进步，教育是培养人才的主要途径。只有促进中华民族整体素质的提升，我国才能在新技术革命中受益。

## 二、高校体育教学的主要目标

体育教学目标是指体育教学中师生预期达到的学习结果和标准。

## （一）高校体育教学目标的结构体系

1. 学校体育目标

学校体育目标指的是学校开展体育活动在一定时期内预期达到的结果。它主要由条件目标、过程目标和效果目标三个要素组成。制定高校体育教学目标，首先要以学校体育目标为依据，这样有助于通过体育教学目标实现学校体育目标。

2. 体育教学目标

体育教学目标指的是依据体育教学目的提出的体育教学预期成果，它包含以下三个方面：

（1）实质性目标。实质性目标可以使学生对体育知识和技能加以掌握。

（2）发展性目标。发展性目标可以使学生身心素质得到全面锻炼和发展。

（3）教育性目标。教育性目标可以使学生形成正确的世界观和良好的个性品质。

3. 单元目标

单元目标是指导高校体育教学的重要目标，其为体育教师设计体育单元教学提供主要依据。

4. 课时目标

课时目标指的是体育课堂教学目标，就是每节体育课的教学目标，是具体的目标。

5. 效果目标

我国高校体育教学的目标是增强学生体质，提高学生身心健康水平，对学生的体育运动能力和思想品质进行培养，促进学生全面发展，成为合格的社会主义建设者。现阶段，高校体育教学的效果目标具体表现在以下方面：

（1）使学生身体得到全面锻炼，增强体质。

（2）使学生对体育教学的基本知识、应用技能等内容加以了解与掌握。

（3）使学生养成良好的思想品德，促进学生个性发展。

（4）提高学生的运动能力，为国家运动队培养并输送优秀的后备人才。

上述效果目标之间相互联系、相互促进，它们作为一个统一的整体不可分割，须采取有力的途径一步步落实。

## （二）高校体育教学目标的主要功能

高校体育教学目标能够帮助人们更好地了解与掌握体育教学目标，并为体育教学目标的设计提供科学依据。具体而言，体育教学目标的功能主要如下：

1. 导向功能

体育教学目标是对体育教学目的的反映，在体育教学的开展过程中，体育教学目标发挥着方向性的作用，即体育教学活动是在体育教学目标的指导下开展的。基于此，体育教师在开展体育教学活动时，必须以体育教学目标为指导。

2. 激励功能

就体育教师来说，当体育教学的目标确定之后，会激励其为实现这一目标而全身心地投入体育教学工作，并在工作中始终保持较高的热情，确保体育教学目标能够实现。就学生来说，当体育教学的目标确定之后，会激发其参与体育教学活动的兴趣和积极性，这对于体育教学取得良好的效果具有积极的意义。

3. 规范功能

体育教学相比其他学科教学来说，要更为复杂，再加上新课程标准对体育教学提出的新要求，使得体育教学的难度进一步加大。在此影响下，一些体育教师在开展体育教学活动的过程中，很可能出现无法保证体育教学科学性的情况，继而导致体育教学无法取得理想的效果。要避免这种情况的发生，一个有效的举措便是让体育教师明确体育教学目标的规范作用，即要切实依据体育教学目标来选择教学内容、实施教学行为，以确保体育教学的科学性和有效性。

4. 评价功能

所谓体育教学目标的评价功能，就是可以以体育教学目标为标准来评价体育教学活动的效果。比如，足球课程教学的目标之一是让学生掌握足球运动的相关知识与技能，那么在评价足球教师是否完成了教学活动时，就需要考虑其所教授的学生是否掌握了相关的足球运动知识与技能。

### （三）高校体育教学目标的教学原则

1. 适量安排体育活动原则

适量安排体育活动原则是指在体育教学中，经常性地通过适量的技能练习、各种游戏和比赛，使学生的各项身体素质得到全面发展和不断提高。贯彻该原则的要求如下：

（1）根据学生的身体发展状况来安排身体运动量。

（2）根据体育教学目标来安排身体运动量。

2. 满足学生运动乐趣原则

满足学生运动乐趣原则是指在体育教学中，应根据学生个性的不同、身体素质的差异和他们对体育课认知水平的不同，让他们在掌握运动技能和进行身体锻炼的同时，体验运动的乐趣，促使学生喜爱运动并养成参加运动的习惯。这一原则是依据游戏的特性和体育教学中运动情感变化的规律提出的。体育运动充满了乐趣，乐趣是体育的特质。一个运动项目从不会到熟练掌握，人们会有成就感和乐趣感；有的运动项目本身就妙趣横生，使人乐此不疲；运动中同伴之间的巧妙配合也能产生许多意想不到的乐趣；有的运动项目在锻炼过程中虽然充满了劳累、痛苦，但锻炼结束后，会感到一种舒畅的满足感，这都是体育运动充满乐趣的表现。体验运动乐趣是人们从事身体运动和体育比赛的重要目的，也是体育教学的目的之一，因此，体育教学要想方设法满足学生对运动乐趣的追求。贯彻该原则的要求如下：

（1）对运动乐趣问题要正确理解和对待。

（2）善于从"学习策略"的角度对运动乐趣加以理解。

（3）处理好掌握运动技能与体验运动乐趣的关系。

（4）对有利于学生体验运动乐趣的教学方法进行开发与运用。

（5）为学生获得成功的运动体验创造条件。

3. 提高学生集体意识原则

提高学生集体意识原则是指在体育教学中，发挥运动集体的作用，将自己融入集体，规范自己的言行，找准自己的位置，既要做好自己的工作，又要互相协助，为了集体的目标而共同努力，从而不断提高自己的集体意识。体育教学主要在室外进行，受场地器材和活动范围的影响，体育的学习形式也经常以小组的形式来组织，这使得体育学习方式与集体形成存在内在的关联。因此，体育教师应在教学中注重培养学生正确的集体意识和良好的集体行为，使学生学会帮助他人、关心他人，学会参与集体活动，为学生未来走向社会打下良好基础。贯彻该原则的要求如下：

（1）对体育教学活动中的集体要素进行充分挖掘。

（2）采用教学分组的教学组织形式。

（3）向学生提出共同的学习任务，使其相互帮助，相互合作。

（4）将集体意识和发挥个性之间的关系处理好。

4. 提高运动文化素养原则

运动文化是构成体育课程内容的主要部分，包含体育知识、各种运动技能、体育运动相关媒介等各种形式和各种物化状态的内容。提高运动文化素养原则是指在体育教学中，通过多种方法、手段提高学生对古今中外优秀的运动文化的认知和理解，通过对体育知识的学习和掌握以及自身的运动实践，积淀和提高学生自身运动文化的素养和水平，传承运动文化。贯彻该原则的要求如下：

（1）将体育教学中的认知因素重视起来，使学生能够真正学懂。

（2）对"发现式学习"和"问题解决式教学法"进行科学合理的运用。

（3）运用现代化工具对学生学习的积极性进行培养。

（4）创造良好的运动文化环境。

5. 保障体育教学安全原则

保障体育教学安全原则是指在体育教学中，要创造和提供使学生安全地从事体育运动的环境，同时要对学生进行安全运动的教育，不断提高学生体育锻炼的安全意识和确保运动安全的能力。体育技能教学是以角力活动、非正常体位活动、剧烈身体活动、器械上身体活动、持器械身体活动等构成的教学过程，这就要求学校和教师在体育课堂教学过程中，对可预知的危险做到提前防范，对不可预知的危险做到有应对预案，为体育教学提供安全的软硬件环境，对学生进行安全运动的知识教育，把危险因素消灭在萌芽状态。贯彻该原则的要求如下：

（1）在体育教学中建立安全运动的规章制度。

（2）防微杜渐，对所有危险因素进行详细的考虑。

（3）制订防止伤害性事故的预案。

（4）时刻进行安全警示。

（5）将练习内容的难度控制在学生能力范围内。

（6）充分发挥学生安全员的作用。

## 第四节　高校体育教学的功能

### 一、增进身心健康

高校体育教学的一个重要目标是教会学生合理、有效地利用身体、保护身体，从而提高身体健康水平，因而可以说学生的体育学习是一种利用身体，同时完善身体的过程。用进废退的生物学规律在人体的发展中体现得非常明显，大学生只有科学合理地参加体育锻炼，才能使身体的极限效能得到充分发挥。在锻炼的过程中，神经、肌肉会保持活动状态，这能够使人体运动系统和其他生理系统的功能得到有效的保障，并产生许多良好的反应。在体育教学中，学生是否可以快乐地参与其中，获得健康的身心，要看学生是否从内心深处喜欢运动，是否对此感兴趣，是否情绪高涨。随着社会的进步和生活条件的改善，大学生的营养补充越来越全面，生活条件也得到了很好的改善，这就为其身体娱乐活动提供了良好的条件。与其他娱乐方式相比，大学生在体育学习中进行适度的身体娱乐活动，能够达到健身与悦心的效果，从而提高身心健康水平。

## 二、增强竞争意识

人类生活与竞技比赛有高度的相似性，因为人类与自然、社会、竞争对手等相关对象之间存在竞争关系，只有在不断的竞争中，人类才能更好地超越自己、完善自己，过上理想的生活。创造有利的条件不断充实自我是竞争参与者必须重视的问题。在运动场上，参与者可以养成良好的品质和行为习惯，依据迁移原则，这些积极的变化会有效地作用于参与者的日常行为，并产生被社会高度认可与接受的因素。运动场上有输有赢，社会生活的其他方面同样如此，胜者当然光荣，受人拥戴，但败者也不可耻，同样需要人的理解与尊重。不仅是运动员，包括大学生在内的所有群体都应该养成胜不骄、败不馁、顽强拼搏、勇于进取的良好品质。竞技运动是高校体育教学的重要内容之一，通过相关内容的传授，可以教育大学生不断超越自我、完善自我，树立良好的竞争意识，其教育意义远比让大学生在竞技比赛中夺冠重要。

## 三、培养适应能力

现代社会中的竞争越来越激烈，人们的生活压力越来越大，适者生存的观念已经深入人心，因此大学生必须具备良好的社会适应能力，才能更好地立足于社会。社会适应能力是一个广泛的概念，对不同的人有不同的侧重，但大学生只有具备全面的个人适应能力，才能保证自己更好地适应社会环境的变化，这里的全面具体指身体、心理、情感、道德等方面，缺一不可。

体育教学在对培养个体适应能力方面具有重要的作用。体育教学贯彻"以人为本"的理念，对学生的兴趣爱好充分予以尊重，这样的教育活动有利于培养与提高大学生的适应能力。

## 四、优化学生行为

体育教学可以提高大学生的适应能力，由此可积极影响大学生的行为，使其行为产生有益的变化。体育教学中很多活动与行为都合乎社会要求，所以很容易被社会认可和接受。这些合乎社会要求的体育活动对大学生来说非常有价值，能够使大学生不断调整自己的行为，不断向社会道德准则和行为规范靠近。体育教学还有利于培养大学生的智力，发挥大学生的聪明才智，使大学生更有想法、有干劲、能创新，并使大学生的行为更加理智、成熟。

### 五、丰富学生经验

经验对于每个人来说都非常重要，生活中处处可以积累经验，而且处处离不开经验，随着经验的积累，人们会获得更好的生活能力。人的经验是丰富多样的，对于参与体育学习的大学生来说，除了读、写、说、算方面的经验，还需要具备多方面的专门经验，具体包括在以下三个方面：

#### （一）动作经验

坐、立、行等属于最简单的动作经验，判断距离、判断速度、判断时间等则是比较复杂的动作经验，这些都是大学生在体育教学中可以收获的经验。除此之外，大学生还可以从体育教学中获得应对突发事件的能力。

#### （二）品格经验

品格经验在体育运动中至关重要，参与者只有公平竞争、信守诺言、服从法规制度、协调合作，才会更好地得到社会群体的认可。

#### （三）情绪经验

现代社会是文明社会，社会个体不能用野蛮的方式来发泄自己的不良情绪，否则会对社会的秩序与和谐造成影响。而体育教学有助于让大学生学会用积极锻炼的方式调节自己的情绪，保持良好的心理状态，培养优良的情绪经验。体育教学属于综合性教育，同时也是非常重要的生活教育手段，能够积极影响和改变大学生的情绪、心智、行为、品性等，使大学生获得更加全面的发展。

## 第五节　高校体育教学的方法

### 一、高校体育教学方法的基本内涵

所谓教学方法就是指实现体育课程教学目标由师生共同完成的一切教学活动和教学方式的总和。它是由一系列行为组成的一个操作系统，具体包含了教师和学生两个层面的操作体系。我们可以从以下四个方面来对高校体育教学方法进行理解：

第一，高校体育教学方法是师生动作和行为的总和。体育教学方法的贯彻与实施需要师生之间的互动，互动又是通过语言、动作和行为来实现的，因此可以说体育教学是师生的语言、动作和行为的综合体。具体而言，学生要掌握体育运动的理论知识或者是某种运动技能，都必须经过体育教师的讲解、示范、纠正等动作的支持；在此基础之上，学生进行反复练习也是一种行为上的体现。

第二，高校体育教学方法和教学目标不可分割。所有的体育教学方法的应用都是带有一定的目标性的，没有目标作为指导一切方法都将失去存在的意义。同样地，体育教学目标和任务必须通过教学方法作为媒介才能够得以实现。

第三，高校体育教学方法是"教"与"学"的统一。好的体育教学方法是教与学的统一体，也就是说教师和学生之间只有通过相互的有效互动，形成一种沟通的桥梁，才能真正发挥出体育教学方法的作用和价值。我们可以从两个层面来理解体育教学内容和相关的体育教学活动：教师的"教"与学生的"学"。教师作为教授知识的主体，其选用的教学方法和手段都是以学生为对象的，学生对于知识和技能的掌握及其理解能力的提升是教学活动开展的重要契机；对于学生而言，他们只需要紧跟教师引导的步伐，积极参与学习和互动的实践，与教师建立紧密的沟通和联系，以获得更大的进步。因此，只有将教与学切实贯穿于教学的整个过程，积极促进教师与学生之间的互动与交流，才能够真正实现体育教学任务和目标。

第四，高校体育教学方法的功能具有多样性。现代教育理念赋予了体育教学多样化和丰富化的功能。现代体育教学既关注运动技能的掌握、身体素质的提升，同时也更加强调学生素质的全面提升。

## 二、高校体育教学方法的主要类型

### （一）高校体育教学的传统教法

1. 语言教学法

语言教学法，是指教师通过语言方式来描述体育知识、文化、动作要领、技术构成、教学安排等一系列活动要点的方法，学生通过对教师语言的理解，逐步掌握知识的要点。

（1）讲解教学法。讲解教学法，是指教师通过讲解来展开教学活动内容。讲解法一般用于体育理论的教学，讲解教学体育教师需要注意学生所处的认知能力和知识水平。如果讲解的深度和难度超出了学生认知能力的范围，让大部分学生感到难以理解，则说明教师阐释的方式或者选用的教学内容不适合学生。讲解法的使用要点如下：

第一，明确讲解的内容和目标，讲解的过程要突出讲解内容的重点和难点；讲解要有较强的目的性和针对性，也就是说在讲解之前就已经预设好讲解将要达成什么样的目标，以便于在讲解过程中对课堂的整体方向有所把握。

第二，保证讲解内容的准确性。教师要有科学严谨的教学态度，高度重视讲解内容尤其是体育历史文化、专业术语的解释、技能方法的描述要准确到位。

第三，注意讲解的形式要简单明了、生动有趣。任何冗繁拖沓、枯燥乏味的内容都容易让人产生厌倦的感受，因此教师要善于利用图片、视频与语言讲解相配合，同时采用多样化的表达方式，将知识点描绘得更加形象自然，加以肢体动作以促进学生对语言描述的理解。

第四，讲解要由表及里、易懂易学。对于同样的知识点不同的教师进行教学的效果往往会产生一定的差异，产生这种差异性主要的原因之一就在于教师对于引导学生进行理解的方式。优秀的、有经验的教师往往更善于通过对比、类比、递推、递进式提问等形式来启发学生的想象思维和主动思考，促进学生对于知识的敏感性，能够发现知识之间的内部联系，并形成自我的认知能力和属于自己的知识体系，并且能够灵活地完成对知识要点的迁移。

第五，注重讲解的知识在逻辑上的先后顺序以及他们之间的内在关联性，以便学生能够更快地完成对知识的掌握并形成较为稳定的知识体系。

（2）口头评价法。作为体育教学中的教学方法之一，口头评价是最为快速和直接的一种评价和提醒，它不拘泥于某个具体的时间点和地点，既可以在课堂中进行也可以是在一节课结束之后，体育教师对学生的学习和练习以及获得的学习效果进行简要的、概括性的点评。口头评价可以按照评价的性质分为积极评价和消极评价两种。积极评价是带有肯定、表扬和鼓励的性质的评价。消极评价是由于学生的表现不够理想，具有一定的批评和鞭策作用的评价。由于该评价是以批评的性质为主，因此教师要尤其注意沟通的技巧，注意措辞的方式，就事论事，既要让学生充分认识到自己的不足之处，又要保护学生的自尊心，不能打击学生的自信心，而是要让他们扬起更进一步的风帆，迎头赶上。

（3）口令、指示法。口令、指示的语言凝练，短促有力，因此，在体育教学的实践中教师可以适当通过口令指示给予学生一定的知识，这种方式尤其适用于体育教学中的动作教学。口令和指示法的应用有以下要求：

第一，发令的声音要清晰、洪亮。教师应发音清晰、声音洪亮。

第二，注意使用口令法和指示法的时机。

第三，注意口令和指示发出语速和节奏，太快了学生跟不上，太慢了会削弱其力度和有效性。

2. 直观教学法

直观教学法是通过给予学生视觉等感官刺激来促使学生对体育知识产生深刻了解，直观教学法的优势和特点是直接、生动、形象，因此产生的效果往往也更具有震撼力和持久性。体育教学中有以下最为常见的直观教学法：

（1）动作示范法。动作示范法，就是指在体育教学中，教师通过对教学内容的动作示范，来帮助学生熟悉动作的结构和动作的要领，同时对该技术动作有一个整体上的、比较形象化的了解。动作示范教学法的使用要点如下：

第一，明确示范目的。在示范之前，要明确示范的目的是什么，通过动作的展示，要使学生达到什么样的学习效果。进行动作示范之前，要指导示范的目的是什么，要展示什么内容。

第二，动作的示范要标准连贯。因为教师的演示就是学生学习和模仿的参考，所以教师的示范必须正确，否则一旦学生形成错误的动作习惯，对其的后续学习会带来许多麻烦与不便。

第三，注意要选择合适的示范位置和角度。这样做的主要目的是使所有的学生都能清晰地观察到动作示范，从而对技术动作产生一致性的、准确的理解和认识。为了实现该目标，教师可以选择从多个角度进行多次示范等方法。

第四，应将示范与讲解相结合。通过示范、讲解两种方式的配合，调动学生的听觉、视觉和触觉等多个感官的功能，使学生对于技术动作有更深刻的理解和认识。

（2）教具与模型演示。利用教具和模型等实际物体来辅助体育的教育教学，使学生对于技术结构的理解会更加简便和轻松。教具与模型演示的使用要点如下：

第一，根据教学内容，需要提前将教具和教学模型准备好。

第二，教具、模型的展示要全面到位。尤其是对器材进行具体介绍和讲解的时候，可以让学生近距离地观察和体验。

第三，使用过程中要注意保护教具与模型，使用完之后要小心地收纳到指定容器内，并放置到安全的地方以防损坏。

（3）案例教学法。案例教学法就是在体育教学中用反面对比和类比等方法来列举例子，让学生能够更好地理解所教授的内容。案例教学法有如下的具体要求：

第一，例子的选取要适合，确保能够产生目标要达到的加强、对比等方面的作用。

第二，选取有关战术配合的案例时，其案例的分析要尽量详尽一些，并且要注意从攻和守两个角度来进行分析。

（4）多媒体教学法。多媒体教学方法在现代体育教学中的使用越来越广泛，与传统的板书教学最大的区别和优势在于：多媒体教学可以形象生动地将教学内容展示出来，通过动画和视频演示、慢放和定格等操作，可以将每一个动作的每一个重点和细节都精准地定位、展示和分析，从而使学生对动作技术有更加快速、清晰、深刻的认识，这是传统的肢体示范和口头讲解都无法实现的。多媒体教学法的运用需要多媒体教学设备等硬件条件的支持，也需要教师具备多媒体操作技能作为软件方面的支持。

3. 完整教学法

完整教学法在体育教学中有着较为广泛的应用，其主要应用与教学实践课，重点强调体育教学过程中要完整地、不间断地对整个技术动作的过程进行展示，使学生从整体上产生对动作的整体概念和印象。完整教学法在体育教学中的应用，有以下要点需要引起注意：

（1）完整展示要及时。也就是说在通过语言讲解之后，要尽快进入整体展示的阶段，保持学生在认知上的连贯性，在语言讲解和整体展示的连续的双重作用下，促进学生对技术动作有一个正确的把握。

（2）前期的动作练习要适当降低难度。对于难度系数稍大的动作，教师可以先降低动作的难度和要求来引导学生完成完整的动作流程，然后逐渐增加难度，待学生比较熟悉动作流程之后再按照标准动作的要求来完成整个动作的学习和练习。

（3）要对动作的各个要素进行全面的解析，而不是仅仅局限于将动作连续地展示给学生看。这里的动作要素主要包括动作的发力点、支撑点、用力的方向、大小以及所有影响动作标准的细节因素。

4. 分解教学法

分解教学法是与完整教学法相对的，更适合于高难度的运动项目。分解教学法的主要优势是分步教学，将原本很复杂的动作变得更容易理解和模仿，从根本上降低了技术动作的难度。具体来说，分解教学法的应用，需要注意以下三个方面：

（1）选择技术动作分解的节点，不要破坏整个动作的连贯性。

（2）注意依次教学和加强衔接练习。对于分解后的各个部分要按照其先后顺序进行练习，之后还要将各个环节的衔接处结合到一起，并对此做专门的强化练习。

（3）将分解法和整体法相结合运用，可以获得更好的教学效果。

5. 预防教学法

学生的体育学习和教师的体育教学一样也是一个开放性的过程，因此其受到各种因素干扰的可能性较大。除此之外，学生的理解能力、认知水平、身体的协调性和体能素质等各方面的条件也存在较大的差异性，要求所有的学生都能够迅速掌握体育知识和动作的要领显然是不现实的。在学习的过程中学生不可避免地会出现各种各样的错误，这就要求教师要注意观察学生的动作练习的情况，总结出其中的规律性，指出错误发生的根本性原因并予以纠正。预防教学法正是针对学生的错误认知、错误动作这种现象而提出的一种具有预防、阻断效果的教学方法。应用预防教学法有以下要求：

（1）体育教学中，在前期讲解过程中要不断强化正确的认知，并对易于出错的地方予以强调，避免对动作的理解产生歧义和不正确的认知。

（2）教师在正式上课之前要对可能出现问题的地方进行预估，然后设计出一套比较完善和高效的解决方案，这样可以节约上课时间，提高教学效率。

（3）可将口头评价的教学方法综合运用到实际的教学过程中，提示学生在关键的时候不要犯错误。

6. 纠错教学法

纠错教学方法是指在实际的教学过程中，教师对学生在理论认识和动作练习上的错误及时纠正的一种教学方法。其中动作练习上的错误主要体现在对于动作理解上的偏差而导致的错误，或者是由于不够熟练，达不到标准的技术动作，针对不同的情况教师要对此加以分析并采用不同的引导方式。纠错教学法有以下具体的应用要求：

（1）纠错时，要反复重申正确动作的关键要点，要使学生真正明白错误动作产生的原因，这样才能帮助他们及时改正，而且不会出现下次再犯的现象。

（2）必要的时候，可以使用一定的外力帮助学生对于技术动作形成正确的本体感觉。比起预防性的措施，纠错具有较强的针对性，因此教师必须能精准分析错的源头，才能给出最为合理和有效的解决方案。

7. 游戏教学法

游戏教学法指教师通过游戏娱乐的方式促使学生对体育知识要点的掌握。该教学方法应用比较广泛，可用于各学习时期尤其适合于低龄的学生。其最大的优势在于可以极大地调动学生的学习积极性。在进行游戏教学法的过程中，需要注意以下方面：

（1）注意游戏的设计其所涉及的行为方式、思维方式都应当与所教授的内容具有较高的相关性。

（2）游戏的设计和选择要注意学生的兴趣和偏好。应选择学生感兴趣的内容、方式。

（3）在游戏开始之前，教师要讲清楚游戏的规则和游戏的目标是什么。注意游戏规则、目的的讲解。

（4）在开展游戏的时候，鼓励学生要尽力而为，队友之间要形成良好的合作。

（5）在游戏过程中，教师要扮演好"警察"的角色，对于犯规的学生要给予一定的惩罚。

（6）游戏结束后，体育教师要询问学生的感受如何，同时对学生的表现给予中肯、全面的评价。

（7）在整个游戏教学的过程中教师要提醒学生注意安全，提醒并禁止具有安全隐患的行为。

8. 竞赛教学法

竞赛教学法就是通过组织各种比赛来促进体育教学的一种方法。竞赛教学法可以提升学生各方面的综合能力，是一种比较理想的训练方法和教学方法。比赛可以增加学生运动技能的实践经历，使得那些高难度的动作和技术不再是纸上谈兵，同时还可以锻炼学生的团队协作能力，以及面对突发状况的心理调适能力和应对问题的能力。竞赛教学法是体育教学当中具有特殊优势的一种教学方法，对于提升学生的心理素质、竞技水平以及身体素质都有着不可取代的重要作用。关于竞赛教学法，其应用，有如下注意事宜：

（1）具有明确的目标。一般是通过竞赛提升学生相关运动项目的技能水平。明确竞赛目的，通过足球运动竞赛切实提高学生的足球运动技能水平。

（2）合理分组。各个对抗队的人员实力要处于不相上下的水平，这样才能通过激烈的竞争获得共同的提高。

（3）客观评价。教师要密切关注学生在竞赛过程中的表现，既要从整体上把握，又要看细节的处理，只有做到这一点才能给学生以最客观和中肯的评价，从而使学生能够清晰地意识到自身的优势和不足，促进他们获得进一步的提升。

（4）竞赛教学法的前提条件是学生对于运动项目有一定深度的理解，并且已经熟练掌握相关的技术动作，这样可以有效避免出现由于不熟练带来的运动伤害。

对于每一位体育教师而言，不能仅限于某一种教学方法，而是应当不断地尝试和学习新的教学方法，并结合教学的实际情况科学、灵活地选择和组合。这样可以显著提高体育教学的质量。

## （二）高校体育教学的传统学法

1. 自主学习法

自主学习法是指学生主动发现、分析、探索，独立自主地进行体育学习的方法，但这并不意味着学生可以完全脱离教师的指导，而是要在教师一定的引导下开展的自主性学习活动。体育教师指导学生进行自主性的体育学习，应当要注意以下方面：

（1）难度要适当。由于是自主性学习，学习过程以学生自己思考与探索为主，这对于学生来说并不是一件轻而易举的事,因此教师要注意根据学生的年龄阶段、认知特点,为学生选择难度适当的学习内容,保证具有一定的挑战性,但又不至于无法完成。

(2)明确学习目标。教师要为学生自主学习制定一个清晰的学习目标。通过这个学习目标,学生要清楚地知道自己要完成的任务是什么,通过自主学习学生需要解决哪些问题,以及要达到什么样的水平。

(3)学生要参照学习目标,在学习过程中学会自我调控:①对学习过程有一个整体的把握。②学会积累各种学习方法,并思考学习方法与运用场景之间的联系。③有创新思维,在对具体情境进行较为客观的基础上将已有的知识进行迁移和组合,从而创造出专属于自己的新策略。

(4)教师要对学生的自主学习给予适当的辅助与引导。学生的自主性学习并不是放任不管的无组织的学习,相反,它是一种有计划、有目标的学习过程,在这个过程当中教师要关注学生的学习进度,如果出现不妥当的情况,学生的学习路径或思考方式与学习目标发生偏离就需要及时给予纠正。

2.合作学习法

合作学习法是指在学习的过程中强调合作的重要性,强调学生之间的相互帮助和配合,通过合理地划分工作任务和相应的责任,最终能够共同圆满地解决问题,达到学习目标和任务。达到教师所设定的学习目标,完成教师布置的学习任务。

(1)确立学习目标,通过该合作式学习预期要达成的效果是什么。要重点培养学生哪方面的能力。

(2)将全部的学生分成实力相当的小组,依据任务特点,注意将不同性格、性别、特长的学生合理搭配,以促使学生之间相互取长补短。

(3)确定小组研究课题,引导学生合理地进行组内分工,并探讨如何提高全组的学习效率。

(4)完成小组学习任务。

(5)各个小组之间进行学习和交流,分享各自的经验和心得,通过交流和分享各个小组可以相互学习,发现自身优势和不足。

(6)教师关注、监督和评价学生学习的过程,并帮助学生一起做好学习的总结。

(三)高校体育教学的传统练法

1.重复训练法

重复训练法就是通过不断重复进行某一个训练内容来提高身体素质和运动技能的一

种体育学习方法。重复训练法的核心和本质就是通过重复性的动作使得某一固定的运动性条件反射不断得到加强,使身体产生一种固定的适应机制,进而使学生实现对技术动作的掌握。

一般来说,重复训练法有两种分类方法:一种是按训练时间的长短,分为短时间重复训练法(低于30s);中时间重复训练法(0.5~2min);长时间重复训练法(2~5min)。另一种是按照期间间歇方式来划分,分为间歇训练法与连续重复训练法。

重复训练法的应用要求如下:

(1)同一动作的反复练习容易使学生产生枯燥和厌倦之感,因此,教师要关注学生的情绪变化,并适当地给予调节。

(2)注意训练动作的规范性,同时还要注意训练的负荷。

(3)强调技术动作的正确练习,如果学生连续出现错误动作应停止练习,防止错误强化。

(4)科学确立学生训练负荷、强度和频率,要依据运动项目的特征和学生的实际情况来设定。

2. 持续训练法

持续训练法就是无间断地、持续地进行某项身体练习的训练方法,其前提要求就是要保持一定的负荷、强度和运动的时间。

持续训练法的分类方法可以根据训练持续时间来划分,分为:短时间持续训练法、中时间持续训练法与长时间持续训练法。

持续训练法的应用要求如下:

(1)持续训练法,既可以用于单个技术动作也可以用于组合性的技术动作。

(2)在训练开始前,应向学生介绍具体的训练内容及其顺序安排,同时提醒需要注意的要点。

(3)持续训练过程中,体育教师要提醒学生注意训练动作的质量,并对动作的质量做出具体的要求,这样才能使持续训练获得比较好的效果。

3. 循环训练法

当训练内容较多的时候可以采用循环训练法。其具体操作就是将这些训练的项目先按照一定的原则进行排序,依次完成之后回到最初的任务开始训练,不断重复所有训练内容。循环训练涉及不同的训练内容,因此在一定程度上可以增强学生对体育学习的积极主动性。

循环训练法,可以按照运动负荷和训练的组织形式来划分。

按照运动负荷,分为:①循环重复训练法,各训练站点的间歇时间没有严格规定。②循环间歇训练法,各训练站点的间歇时间有明确规定。③循环持续训练法,各个训练站点是连续性的，几乎没有间歇时间。

按照训练的组织形式分为：①流水式循环，按一定的顺序一站接一站地周而复始。②轮换式循环，各学生在同一时间点上练习的内容不一样。③分配式循环，先在站中练习，然后依次轮换练习站。

循环训练法的应用要求如下：

（1）找出各个训练内容之间的内在逻辑和规律，合理安排他们之间的顺序。

（2）训练不能急功近利，而是要循序渐进，一般情况是先练一个循环，坚持训练两到三周再增加一个循环，这样学生就有一个适应的过程。

（3）注意一次训练不得超过5个循环。

4. 完整训练法

完整训练法，指在整个训练过程中只完成某一个动作、某一套连贯动作或者某一个技术配合，其最显著的特征是整个训练过程流畅自然、一气呵成。完整训练法的应用要点如下：

（1）完整训练法比较适合于单一技术训练。

（2）如果是针对复杂的技能训练，就需要学生具有良好的基本技能的基础。

（3）在战术配合的完整训练中，教师要在战术的节奏、关键环节的把握等方面做适当的指导。

5. 分解训练法

分解训练法与完整训练法是相对而言的，是从训练内容的各个阶段和环节出发，对其中的每一个部分做精细化的研究和训练，并做到各个击破，最后达到整体掌握的目的。

分解训练法可以分成四种：①单纯分解训练法，把训练内容分解成若干部分，然后分别练习。②递进分解训练法，把训练内容分解成若干部分，依照规律有序练习。③顺进分解训练法，训练内容分解后，先训练第一部分，再训练第一、第二部分，然后再训练第一、第二、第三部分……步步为营。④逆进分解训练法，与顺进分解训练法相反，先训练最后一部分，再将前一个训练内容叠加训练。

分解训练法的应用要求如下：

（1）科学分解，对于浑然一体、联系紧密的部分不能强行割裂。

（2）对各个部分要做精细化的研究，以便达到训练动作的精细化、标准化。

（3）熟练掌握各个分解部分之后，要进行完整练习加以巩固。

### （四）高校体育教学的新型方法

1. 娱乐教学法

增强学生体质是学校体育教学积极效应的重要方面，这一点似乎是毋庸置疑的，但是在现实的教学过程中仍然有相当一部分学生对体育课堂的学习显得不感兴趣，所以不能积极主动地参与到体育活动当中来。

因此，为了激发学生对体育课的兴趣，更好地焕发体育运动本身具有的独特魅力，就必须改变过去单一的教学形式，积极采用娱乐教学法，重新编排和组织体育教学内容；在娱乐教学过程的设计上，体育教师也需要下功夫，积极探寻每一堂课教学内容当中的娱乐性成分和娱乐性元素，或者考虑如何将娱乐性元素如游戏、音乐、竞赛、趣味性道具的使用等穿插到体育教学过程当中。当然，该做法会给教师的工作带来一定的负担和压力，但可以充分展现出体育教学内容的丰富性和趣味性，只有当学生的学习兴趣提高了，学生的学习效率才会随之得到提高。需要注意的是，在该方法的使用中要避免走纯娱乐的另一个极端，如果失去了培养学生强健体魄和学习能力的本质任务的把握，将是得不偿失的行为。

2. 成功教学法

成功教学法就是按照学生的接受能力，将教学的技术动作的精华部分提炼出来，适当降低其整体的难度，鼓励学生凭借自己的意志力和理解能力顺利完成动作的学习。在该过程中，学生通过对技术动作的顺利完成体会到成功给自己带来的舒畅感和快乐感，这是任何外来的鼓励都无法比拟的，由此，学生对于体育学习的信心大增，坚信自己可以学习好其他的体育运动技能。

在一些对于体育学习丝毫不感兴趣的学生的了解中，发现相当一部分学生是由于自己的体育运动表现得不够好，与其他同学比起来差距较大，由此内心对体育课程的排斥心理就越来越严重，而通过成功教学法可以重新燃起学生对于体育学习的信心，培养他们坚韧不拔的意志品质，形成正确的学习动机，这对于运动技能的提升是非常有益的。

3. 探究教学法

探究教学法就是指教师着意引导学生在教学过程中发现问题、分析问题，最终提出可行性方案而解决问题的一种教学方法。通过该教学方法，学生在探索和分析的过程中不知不觉地掌握了相关的知识和技能，同时培养出了高超的洞察力和知识迁移的能力。探究教学法符合现代教学教育理论以及以学生为主体的教学理念，因此越来越受到体育教师的重视。在探究教学法的应用过程中要注意以下问题：

（1）目的要明确。教师要提前确认研究计划，确保体育教学目标的实现。探究的目标模糊或者实际的教学与探究的目标相背离，会造成无效的教学，浪费师生的时间和精力。

（2）探究的内容和主题要和学生的运动水平以及他们的认知能力相一致。教学内容太简单的话，学生会感到没有激情和挑战性，继而产生无聊的感觉；内容难度设置得过于高深，又会打击学生对于体育学习的自信心。因此教师要深刻理解这一点，引导学生做难度适中的探究性学习。

（3）对于一些难度偏大的探究性客体，学生通过努力仍然没有较为理想的思路的时候，教师要适度地给予启发和鼓励。

4. 微格教学法

微格教学法指的是一种为了将枯燥的体育理论知识变得形象生动、更具有吸引力，而采用一定信息化技术手段的教学方法。具体而言就是利用录像、音频等手段建造一种、可操作可调控的体验系统，学生通过该体验系统进行体育理论的学习可以对体育知识和动作技能产生清晰明了和感性深刻的认识，从而提升他们的体育运动技能。"在高校体育教学技能训练中运用微格教学是可行的，有利于高校体育学生熟练、快速地掌握和运用教学方法，并且对高校体育学生的教学技能的提高较为显著"。[1]在体育教学中使用微格教学法的具体步骤如下：

（1）提前准备好课件。教师需要在课前对视频进行剪辑处理，并制作成教学课件应用于体育教学，将信息化技术应用于体育教学可以使得教学内容更加丰富和形象，这对于调动学生的学习主动性具有积极的促进作用。

教师在讲解了基本的体育理论知识之后，将视频或音频课件向学生展示出来，通过这些具有感性化的视听材料，学生对于体育知识和动作技能的理性认识会逐步加深，从而可以从根本上提升学生的体育运动技能。例如在篮球技术的教学过程中，教师可以在上课之前收集一些著名的篮球明星是如何完成这些技术动作或者战术配合的，然后将其剪辑成教学课件，学生通过这些视频，便于对技术动作的深刻理解，加上是有关自己敬仰的篮球明星的"示范"，这对于提高他们的信心和信任度都是极为有利的。

（2）以学生为主体，安排教学内容。这里主要是指教学内容要考虑到的学生的发展方向以及关注学生本身的兴趣所在。一方面微格教学在教学内容的选择上应当要有针对性，要着重培养学生将来的专业或岗位所必需的素质和能力；另一方面教师也要注意学生的时代特征和个性化特征，尽量选择具有典型意义和在学生群体中普遍受欢迎的体育教学内容。与此同时，体育教师还要注意在体育教学过程中给学生留下一定的思考时间和空间，引导学生作进一步思考和探讨，让学生在和谐、温馨、互助的学习氛围中感受到体育学习的乐趣和意义所在。

（3）在实际的教学实施中，可以将播放视频和让学生反复训练两种方式交替进行。其具体流程如下：

第一，在进行教学示范时，教师可以通过高水平运动员的"示范"录像，方便学生形

---

[1] 王进. 微格教学在高校体育教学技能训练中的应用[J]. 体育科研，2008，29（6）：85.

成技术动作的感性认识以便模仿训练。

第二，教师在采用微格教学法时，还可以结合多种体育教学方法，比如选择用直观教学法和分解教学法，可以强化学生对于体育技能的理解和训练。

第三，教师安排学生进行训练，当完成一个阶段的训练之后，教师安排所有的学生分批进行演示，同时拍摄演示的视频。

第四，师生一起观看学生的演示视频，针对各个小组和队员的动作技能演示情况，师生一起展开分析和讨论，然后教师要对学生训练的结果作出客观的评价，指出训练过程中出现的错误动作并及时纠正。

微格教学法用于体育教学还有几个需要注意的细节问题：在教学过程中，体育教师可以根据体育教学的实际情况选用慢镜头或者回放，以便学生能够看得更加清晰；通过自己的演示视频，学生可以自行将其与标准动作做比较从而很容易就找出自己的问题所在；通过师生的评价以及教师的指导，学生可以在分析和比较中找出问题的原因所在及解决办法。

（4）课程结束后，体育教师可以反复观看教学的视频，对教学过程中的不足之处进行优化，同时通过微格分析处理也可以达到一定的优化效果。

5.情境教学法

情境教学法是指在教学过程中，教师有目的地引入或创设具有一定情感的、形象化、具体化的场景，能够引起学生一种积极的反应态度，并吸引他们自觉投入，积极参与学习活动的一种教学方法。情境教学法的主要优势是，可以促进学生对教材的理解，促进学生健康心理素质的形成；激发学生对于体育学习的热情，从而主动、快速地接受教师教授的知识，同时学生的学习效果也会获得较大幅度的提升；情境教学法还可以使学生体验到体育学习带来的快乐和成就感，而且情境教学法多与多媒体教学法相结合，丰富多彩的多媒体画面还可以提升学生的审美情趣、陶冶其高尚的情操。体育教学中情境教学法可以采用以下策略以提高教学的效果：

（1）充分利用游戏。爱玩是孩子们共同的天性，要让学生学习好的前提是要让他们痛痛快快地玩好，再加上体育教学是以身体活动为主要内容的教学，这无疑在客观上为学生的"玩"提供了较好的机会。因此在体育课堂必须充分注意体育教学的娱乐性，在创设具体的教学情境时可以适当引入多样化的游戏内容，激发出学生的学习兴趣，激励学生在体育学习和练习的过程中克服各种心理障碍，学生在挑战成功之后将逐渐形成稳定健康的体育价值观，从真正意义上进行体育课和体育锻炼。

比如在障碍跑的课程学习中，经常会有学生由于胆子小、害怕磕绊、害怕摔倒，不敢进入实战阶段，导致课堂无法顺利进行。因此，针对该情况，教师可以在障碍跑的终点处设立一个领奖台，鼓励学生为了拿到奖品努力克服面前的困难。在游戏结束后，对于那些能够克服心理障碍、努力达到目标的学生，教师要予以表扬；对于不够规范的动作要及时纠正。通过这样的方法，使学生的克服困难的能力得到锻炼，参与积极性得到提高，同时他们动作的准确性也得到了提高。

（2）教学情境创设与音乐相结合。人们常说音乐、体育和美术是一家，这主要是说他们都具有一定的艺术性，具有较高的美学内涵。尽管如此，在实际的体育教学中，这一点好像经常被遗忘了。情境教学就是体现体育教学的艺术美的方式之一，同时我们也要注意到将音乐等元素引入情境教学可以发挥出情境教学的实际作用。

同样的训练内容没有音乐和加上音乐的配合获得的教学效果是完全不一样的。有音乐配合的体育训练，使学生置身于音乐美的环境中，此时的体育训练不再是一种负担而是变成了一种美的享受。此外，音乐的选择也很重要，在身体训练时可以选择激情一点的音乐，促使学生保持较好的精神状态；当训练完毕需要休息的时候则应当选择一些比较舒缓放松的音乐，使学生的身体和心情得到全面的放松和休息。

（3）运用语言创设教学情境。在传统的课堂，也有教学情境的创设，并且也获得了不错的效果，这主要是因为课堂语言具有独特的魅力，体育教师可以通过生动的、丰富的、具有鲜明特色的语言表达方式和风格将教学内容故事化、情节化、夸张化，语言表达中的情境同样可以给学生带来美好的学习体验。

因此在体育教学的过程中，教师要记得语言也可以创造出有意思的、独具一格的教学情境。同时，体育教师也要注意转变固有的思想观念，不断创造出具有新意的情境教学模式，从而促进体育教学事业能够不断地向前发展。

6. 分层教学法

分层教学法是指在实际的教学中，由于学生的学习基础以及自身的认知能力处于不同的水平，故而设定了不同层次的教学目标和教学任务，提高整体的教学水平。因此，分层教学法极具针对性，是一种非常有效和实用的新型的教学模式，所以我们要对传统的一视同仁的，笼统的教学模式进行改革，适时运用分层教学法，这样才能有效提高体育教学的整体水平，促进学生迅速、全面、健康地发展。在体育教学中使用分层教学法需要注意以下方面：

（1）对教学对象进行分层。在分层教学法中，首要的任务就是将所有的教学对象进行科学合理的分层，要实现这一点，教师可以通过体能测试等办法来了解学生的综合体质，还可以通过问卷咨询、实际练习和竞赛的方式来测定学生的运动技能水平层次，只有将学生的情况都考察清楚并以此为依据来才可以对学生实施分层教学。在分层教学的过程中也要注意观察学习的进度以及学生对知识和技能的吸收情况，同时还要和学生保持沟通，倾听学生的心声，及时调整教学的方案。当然也可以按照其他要素和标准来分层，比如学生的兴趣爱好等，只要运用得当同样可以获得不错的教学效果。

（2）对教学目标进行分层。教学目标为体育教学提供了重要的指引作用，制定科学化的教学层次目标可以激发学生的学习动力，还可以有效提高学生的学习效率。如果教学目标设置难度过低，学生就会觉得毫无吸引力且枯燥无聊，注意力也无法集中；教学目标如果设置过高，学生就有可能无法跟上教学的节奏，最终也达不到预期的教学目标，严重的话还会打击他们对体育学习的自信心。因此，体育教师一定要注意教学目标的科学分层，这样各个层次的学生都能够展现出比较理想的学习状态，促进他们在各自所处的层次水平尽自己最大的努力，最终实现共同进步。

（3）对教学内容进行分层。教学内容的合理分层对于教学目标和教学任务的完成具有重要的意义，也是有效提高教学质量的关键性因素。对教学内容的分层，主要体现在教师要根据学生的不同的情况安排不同难度和种类的教学内容。教师需要根据学生的身体情况和自身技能接受能力进行合理的设置，比如说对于身体素质较好的、运动技能水平较高的学生可以适当提高其学习内容的难度，这样可以激发学生对知识的探索欲，以帮助他们达到更高层次的学习境界；对于基础较为薄弱，身体素质偏差的学生，可以分配一些较为简单的练习内容，主要目的是逐步提高其体能素质水平，同时还要使其保持学习的兴趣和信心。由此可见，通过安排分层式的教学内容，可以促进每一位学生都获得相应的进步，从而可以提高整体教学效果。

### 三、高校体育教学方法的选择依据

目前，各个学校在开展体育教学时所采用的方法十分丰富多样，且各具特点。要想将教学方法的价值真正发挥出来，各个学校体育教师就一定要重视对于教学方法的选择。具体来说，学校体育教师为体育教学挑选方法的依据主要有以下几个方面：

#### （一）依据教学目标选择教学方法

根据教学目标、教学任务的不同，教学方法在选择上也会存在一定差异性。目前各个学校的体育教师为体育教学选择教学方法的主要依据是体育教学目标。具体来说，体育教师在基于体育教学目标来选择体育教学方法时，需要注意如下事项：

第一，体育教师一定要基于体育教学的总目标，来选择体育教学方法，以此来确保不管是每堂课的教学目标还是总体教学目标在最后都能实现。

第二，体育教师在选择教学方法时，一定要基于本堂课的教学目标，来选择合适的教学媒体以及方法。

第三，体育教师在选择教学方法时，一定要注意将教学目标进行细化，据此来对教学方法加以确认，确保每一个小目标在最终都能实现。例如，出于组织学生对课堂所掌握的体育技能进一步加以巩固的目标，体育教师可对应地采用练习法、比赛法等。又如，出于引导学生学会新技能的目标，体育教师应该多运用讲解、示范、分解、模仿等教学方法。

第四，在当代社会，体育教学总目标为"促进学生体魄强健、身心健康"。学校体育教学在选择方法时也应该基于此进行，决不能只为一时的收益，而放弃长远利益。

### （二）依据教学内容选择教学方法

学校体育所涵盖的教学内容丰富多样，为了保障学生能够更好地掌握这些教学内容，学生需要据此来选择特定的教学方法，这样才能确保整个教学得以顺利进行，学生得以深入地掌握教学内容。在学校体育教学系统中主要有两个构成系统——教学内容、教学方法，二者之间存在十分紧密的联系。因此，教学方法在选择时一定要重视对教学内容的考虑。操作要求，具体如下：

第一，体育教师在选择体育教学方法时，一定要重视教学方法的实用性，即保证其可以切实可行地在体育教学中加以运用。例如，体育教师在教授技术动作时，应该运用动作示范法来为学生讲解该技术动作；体育教师在讲授体育原理时，应该运用语言讲解教学法按照一定逻辑逐步为学生解释该原理，让学生得以真正理解以及正确掌握。

第二，体育教师在选择体育教学方法时，应该注意基于教学内容的表现方式来进行选择，以此来保证学生以极大的热情尽快掌握该种教学技术。例如，图片展示这一方法具有直观性、便捷性，多媒体教学这一形式具有生动性、细致性，不同的方式具有不同的特点，学生可以根据实际内容选择适合的教学形式。

### （三）依据教师条件选择教学方法

在体育教学活动，体育教师不光是组织者、指导者，还是安排者、选择者、实施者。因此，体育教师在选择教学方法时也同样应该对于自身的相关条件进行考虑，具体要求如下：

第一，体育教师在选择体育教学方法时，应该注意考虑该方法是否能适合自身。换句话来说，体育教师应该考虑运用这一方法是否可以将自身的素质水平、知识结构、教学能力与经验发挥出来，保证教学得以顺利进行。

第二，体育教师在选择体育教学方法时，应着重研究这一教学方法是否和教师的教学风格、性格特征契合。

第三，体育教师在选择体育教学方法时，应该与本堂课教学目的以及课堂控制进行结合。

总而言之，体育教师在为学校体育教学选择教学方法时，一定要注意基于自己的特点来选择教学方法，以便扬长避短，使教学方法更具针对性。

## （四）依据教育理念选择教学方法

在选择教学方法这一过程中，教学理念具有重要指导作用。具体来说，体育教师在为学校体育教学选择方法时，应在最新体育教学理念的指导下进行，需要遵循如下方面：

第一，现代体育教学深受素质教育的影响，强调以实现学生身心健康全面发展为目标。对此，体育教师在为学校体育挑选教学方法时应坚持"以人为本"，始终都坚持将健康这一理念放在学生体育学习参与过程中，这除了有益于保障学生可以积极主动地参与到体育学习之中，还有利于学生的"终身体育"意识的形成。

第二，体育教师在选择体育教学方法时，应该坚持以学生为主，根据学生实际需求来选取教学方法，进而确保学生的积极主动被充分激发出来。

第三，体育教师在选择体育教学方法时，应该注意强调对于学生体育意识的培养、体育能力的提升，进而来为其在走出校门、走向社会后继续参与体育奠定扎实的知识与技能基础，保证其在未来发展中可以主动参与体育运动。

## （五）依据学生特点选择教学方法

体育教学所面临的群体主要是学生。如果没有学生，体育教学将会失去其存在的意义。具体来说，体育教师在选择体育教学方法时首先需要考虑的是，这一教学方法是否有益于促进学生体育学习，所以一定要基于学生群体的实际需求以及特点来选择具体的教学方法。这要求体育教师既要关注学生的群体特点，又要关注学生的个体特点。具体来说，体育教师在基于教学对象即学生的特点来选择体育教学方法时，应该重点关注如下两点：

第一，就学生这一群体所具有的特点来说，体育教师一定注意把控这一群体的共性，据此来选择体育教学方法。例如，低年级学生定性较差，爱玩，体育教师就可以在教学过程中多采用游戏这一方法进行教学；高年级学生的专注力更加持久，有一定的思考能力，所以体育教师可采用探究、发现法教学，引导学生在自主探究以及解惑的过程中一步一步地培养起参与体育运动的习惯以及意识。

第二，就学生这一群体的个体特点来说，体育教师应该关注学生与学生之间的不同，并据此来安排教学方法。

### （六）依据环境条件选择教学方法

体育教师在选择体育教学方法时一定要综合整个教学活动涉及的教学因素进行考虑。其中，尤其要重视对于客观教学环境与条件的考虑。

具体来说，教学环境不仅包含场地、器材，还包含班级人数、课时数等。与此同时，外界社会文化环境的好与坏也会对教学环境产生十分重要的影响。体育教学条件包含体育教学的硬件条件、软件条件等。

体育教学环境以及条件在开展学校体育教学活动的实际过程中，人的主观意志的影响会对教学方法的选择产生十分显著的影响。体育教师在选择教学方法时，除了需要关注这些客观教学环境因素之外，还需要对某一种教学方法所必需的客观环境和条件加以充分考虑。

## 四、高校体育教学方法的优化方向

### （一）主动转变教学理念

当今社会信息技术发展迅猛，教学与网络技术的融合已经成为一个不可逆转的趋势。事实证明，在教学中，运用网络技术，可极大程度地保证整个教学可收获良好的结果。为了能够将网络技术的作用发挥出来，体育教师还需要及时对教学理念进行调整。对此，学校体育教师以及相关工作人员一定要以一个开放的态度面对当下流行的新理念以及新事物，利用现代体育教学手段为体育教师的实际应用提供便利。体育教师要严格要求自己，不断提升自己的专业素质，努力在实际教学中发现自我、完善自我，这点同时也是现代学校体育教师素养在新形势下必须具备一个素质。同时，这也是保证信息技术在体育教学中发挥出最大作用的关键所在。

### （二）创新体育教学手段

体育教学手段能够有所突破，实现创新，将会对现代学校体育教学能否实现创新，突破传统落实理念的制约，建立起与时代相适应的现代化体育教学模式起决定性作用。要想实现体育教学手段的创新，关键在于引导一线体育教师以及体育教学的相关管理部门对于创新可以形成正确的思维和意识。体育教学手段要想实现现代化，离不开体育教师想要激发学生的创造欲望、满足学生的心理需要，以及随时根据现实对于体育教师进行调整的高度工作责任感。以体育教师为例,倘若体育教师具有创新意识,那么他们不管在教学中还是在与学生日常接触中,都会时刻谨记培养学生对体育运动形成兴趣,并注意对于学生创造能力加以提升。

### (三)调整优化教学硬件

体育教师在开展学校体育教学时,如果需要利用多媒体技术,并没有专门供体育教学的实验室以及多媒体教学场馆,通常情况是借助其他学科的多媒体教室或教学场馆,这也从侧面反映出体育教学对于多媒体技术的应用受到了一定的制约。鉴于此,各个学校应该对体育学科的多媒体场馆以及实验室增加资金投入以及加大设施建设力度,保证体育教学配备足够的体育教学场地、设施、器材装备,以满足当下体育开展教学的实际需要,这同时也是创新以及发展体育教学手段,使其实现现代化的基础。

学校体育教学除了要对硬件设施的数量以及质量加以保证之外,还应强调科学且有效地对于现代化教学设备加以应用,进而确保其可以更好地为体育教学实践服务。过去,各学校体育教师主要借助于示范与讲解相结合的形式来给学生传授理念、教授知识。尽管体育教师对动作的亲身示范以及讲解是正确且规范的,但是学生却有很大可能会因为教师示范时间过短而不能深入分析以及理解该动作的整个过程。体育教师可利用多媒体技术的慢放功能,对于那些复杂动作进行慢放或者分解,以此来保证学生可以深入理解该动作的原理以及动作之间的上下承接关系。或者也可以利用多媒体技术记录学生练习技术动作的过程,以供教师对于学生掌握情况进行分析,并对那些不足或者错误之处及时加以调整。多媒体技术可以涵盖形、声、色,这能够对于学生的感官直接诉诸影响,这比传统教学方法更能对其大脑皮质的神经系统产生刺激以及激发影响,可极大程度地激发学生的学习积极性。

体育教师在向学生教授体育技术时可以对体育教学实验室加以科学合理地利用,使体育教学手段得到优化,转而成为一种结合了体育多媒体、教学实验室和室外技术实践的数科教学模式,将会对课堂教学效果和质量的提升发挥十分重要的作用,有助于学生对复杂的高难度技术动作快速理解以及掌握。因此,学校体育教师在开展体育教学时,可事先组织学生对课堂内容所涉及的技术动作进行观看,让学生对该技术动作有所了解。

### (四)充分利用教学软件

在学校体育教学基础设施持续得到完善、优化,以及教育技术现代化快速发展这一背景下,当前各个学校一定要注意加大体育教学辅助软件的建设力度。各个学校在后续体育教学中应有意识地确保体育教学软件的开发力度可以得到进一步提升，使其得到迅速发展，可以更好地匹配于现有的硬件设施条件，从而可以将现代化教学手段的价值以及意义充分发挥出来。具体来说，体育教师在开展体育教学的实际过程中，要基于集计算机、投影仪、录像播放三者于一体的多媒体技术，将那些难度相对较高的动作技术制成电脑动画，以便学生可以反复多次地、慢速地、多方位地、动静结合地来观看整个技术动作的演示，如果可以再配以一定文字对该类动作的关键部位进行解释说明，学生势必会对所学动作的技术要领和动作结构有更加深刻以及清晰的理解以及认识，这可确保学生对于正确动作快速形成概念，可极大程度地提升教学效率。

功能强大、全面、实操性较强的教学软件可极大程度地激发学生学习体育动作、体育理论的兴趣。这进一步说明教学软件的开发利用在学校体育教学中扮演有非常重要的价值。例如，在开展篮球体能训练的实际过程中，倘若只仰仗于个人进行体能训练，或者利用多媒体幻灯片这一技术来向学校学生进行大量的理论文字讲解，这对学生而言无疑是枯燥且乏味的。反之，倘若体育教师在制作体能电子教案时采用动画或者视频等动态形式来对体能训练进行讲解，这种形式更加具有观赏性，可供学生反复进行观看，最后再辅之文字理论或讲解，这可以直接对学生的感官神经产生一定刺激，使学生在学习体育理论以及技术时带有强烈的好奇心与兴趣。具体来说，大力开发体育教学软件，除了有益于进一步优化体育教学内容、教学模式之外，还能进一步拓展以及丰富学生对所学内容的领悟路径。

此外，出于进一步丰富以及拓展资源的目的，各个学校还应该搭建起相关的网上教学资源库，以便学生可以借助校园网在教学资源库中获取到自己所需以及自己感兴趣的知识并在线主动进行学习，这有利于为学生营造出一个更好适应高度互动、个性化的智能教学环境。

# 第二章 高校体育教学的内容与实施

## 第一节 高校体育教学内容概述

体育教学内容是将书面的知识转变为学生的知识储备和运动能力的一个中间媒介，它需要在一定的教学环境中，通过科学的教学方法和手段才能够得以实现。

### 一、高校体育教学内容的含义

第一，体育教学内容是组织教学的主要来源和主要依据，在体育教学实践中，一项优秀、出色的体育教学内容实际上是在体育教师通过自身对体育文化的研究和对体育运动技能的研究的基础之上，精选出来的。它是以体育教学目标为指引，结合了教师自己的教学经验及其专业知识的储备，而最终确定下来的。

第二，体育教学内容是教师与学生之间进行沟通交流的基础和媒介。

第三，体育教学内容对体育教学的方法的运用具有一定的制约作用——制约体育教学方法和教学手段的选用。

第四，体育教学内容的选择对于体育教学目标的实现会有一定的影响。

### 二、高校体育教学内容的目标与要求

体育教学的内容是处于不断变化发展中的，其取材于人类发展的不同时期，其共同的特点是对现代文明的发展具有积极的促进作用，适合于现代人才培养的需求。对于体育教学内容的选择，不同地域的群体之间存在较大的差异性，这主要是由于地理环境、气候条件、民众的意识形态以及政治经济发展水平都有一定的差异，本部分主要是结合教学实践的经验对体育教学内容的目标和要求进行相关的探讨，以期为体育教学工作者对体育教学内容的目标有更清晰的认识提供参考。

#### （一）传统体育教学内容的目标与要求

传统体育教学是指用传统的教育方法对学生展开体育运动技能的训练，现代体育教学内容虽然由于时代的发展在不断地更新迭代，但是传统体育教学内容在整个体育教学体系

中仍然占据着不可替代的重要地位。下面对常见的传统体育教学内容的教育目标和要求展开讨论：

1. 体育保健

体育保健教学内容的目标：教授学生以卫生保健知识和原理，让学生通过这些体育知识，对体育教学有一个初步的认识，如体育对于人的成长的主要作用，体育学习对于个人、社会和国家所具有的重要意义，从而促使学生自觉地加入体育锻炼的队伍中来。

体育保健教学内容的要求：体育保健教学内容的设定要以社会发展状况以及学生的实际需求为依据，并且要与后续的体育运动的教学实践相呼应。

2. 田径运动

田径运动教学内容的目标：通过田径运动的教学，让学生了解田径运动的基础理论和一般规律，掌握各项运动的基本原理和方法，这对于田径运动技能的掌握，以及促进学生认识到田径运动对于他们身体素质的提升具有积极作用都发挥了重要意义。

田径运动教学内容的要求：在过去的体育教学中，常常从竞技类运动的角度来分析和理解田径教学内容的作用，在新时代背景下，要求田径教学的内容设计和组织都应当从运动项目的特点、学生的适应度、文化背景、技能的运用范围等角度来综合考虑，而不是一味追求运动项目的竞技水平。同时田径运动的运动负荷一般都比较大，如果超出学生所能承受的负荷范围则可能对其身体带来危害，因此为了保证教学和训练的效果，应当依据学生的体质和年龄特征对教学内容进行灵活调整。

3. 体操运动

作为一种重要的体育运动项目，体操运动在青少年群体当中具有极高的热度，其主要原因是操作简便，并且在维持人体各方面的平衡和健美的体型等方面具有非常好的效果。

体操运动教学内容的目标：①让学生充分地了解体操运动文化，充分理解体操运动对健康的促进作用。②让学生掌握体操运动的基本原理和方法，帮助学生可以在日常生活的场景中通过体操运动来达到健身效果。③引导学生在体操运动中的安全意识，尽量避免在锻炼过程中发生意外伤害。

体操运动教学内容的要求：体操对于提高身体的灵活性和协调性有显著的作用，而且还能给学生带来较为理想的情感体验。这对体操运动教学提出了一定的要求：①从身体体质健康、心理健康和竞技要求等方面来设定体操运动的教学内容。②注意教学内容的编制要具有一定的层次性，保障学生的运动能力和水平处于稳步上升的状态。③注意因材施教，根据学生不同的身体条件开展区别化的专项训练，保证从整体上提高体育教学的质量。

4. 球类运动

球类运动品种较多，主要包括篮球、足球、排球、乒乓球、网球等。球类运动的总体特点是充满了激情与动感活力,而且也具有较高的竞技性和趣味性,所以在青少年群体中很受欢迎。

球类运动教学内容的目标:①让学生了解球类运动的基础知识和比赛规则。②让学生掌握球类运动的一些基本比赛的技能技巧。

球类运动教学内容的要求:①球类运动一般都是群体性运动,因为参与人数较多,赛场上形势瞬息万变,应对的技巧也比较复杂,所以在安排球类教学的时候就不能总是只针对某一项技能进行教学而忽视了技能在具体竞赛情境中的应用,如此才能更好地掌握球类运动的基本特征和核心要点。②注意教学内容的安排顺序要注意比赛实践的需求,在注重技能训练的同时要着重培养学生的团队协作精神。

5. 韵律运动

韵律运动是现代女性特别喜爱的一种运动形式。它与其他形式的运动最大的差别就在于将舞蹈、音乐和运动完美地结合在一起,同时也糅合了舞蹈、健美操和健身体操的元素特征。

韵律运动教学内容的目标:使学生了解韵律运动的基本特征,培养学生的节奏感和审美情趣,了解韵律运动的基本原则并掌握相关的技巧和套路;通过韵律运动的学习,帮助学生形成健康的心理状态、塑造优美的身体姿态。

韵律运动教学内容的要求:①由于韵律运动具有较强的表现性,同时还可以塑造形体,对于服装、音乐的选择都有较高的要求,所以韵律运动的教学也要着重培养学生的艺术素养和审美意识。②通过韵律运动的学习要学会试着自己创编新的运动内容,因此,要求学生要善于观察、勤于思考,注意自身创新能力的培养。

6. 民族传统体育

民族传统体育是一个民族发展历程的写照,集中体现出一个民族的精神和民族文化。

民族传统体育教学内容的目标:①通过对学生讲解传统体育的历史渊源,促使学生对我国传统体育有更为深刻的了解,激发学生的民族自信感。②向学生教授一些传统体育的技能和技巧,既可以强身健体,也是对中华民族传统体育文化的一种传承和发扬。

民族传统体育教学内容的要求:①在编排传统体育教学内容的过程中,要注意与现代性思维和生活方式相结合。②在传承体育文化精髓的基础上同时也要考虑传统体育在现代生活中的实际运用。

(二)新兴体育运动教学内容的目标与要求

当今社会科技高速发展,人们的生活水平大幅度提升。相应地,各国政治、经济、文化等方面也获得了许多新的发展,由此许多新兴的体育运动项目逐渐兴起并迅速流行开来。

1. 乡土体育

乡土体育是体育教育改革和创新的产物。它们是由体育教学研究者开发出来的、具有健身效能和浓厚的乡土特质的一种新兴的体育课程资源。

乡土体育运动的教学目标是：让学生对我国乃至全世界的一些民间体育和民俗风情产生一定的了解，并选择性地学习和掌握一些具有地方特色的乡土体育项目知识和技能，以便让更多的人来了解和学习具有当地体育特色的体育运动项目和体育文化。

乡土体育教学内容的要求：由于乡土体育主要来源于民间的自发形成，因此要特别注意其内容的文化传播的功能，另外是要注意锻炼的安全性和规范性，吸取其中的具有文化意义和健身价值的积极因素，摒弃其中具有负性的因素和不正确的练习方式。

2. 体适能与身体锻炼

为了促进学生的身心健康协调发展，部分具有较强针对性的锻炼方式被引进现代体育教学课堂。这些锻炼内容与运动项目的技能学习和训练完美结合，对于提升学生的身体素质和运动技能起到了更好的促进作用。

体适能与身体锻炼教学内容的目标：通过体适能教学让学生掌握运动和身体锻炼的基本原则和方法，以此来帮助他们更加有效地提升运动技能。

体适能与身体锻炼教学内容的要求：一方面，由于学习的对象是学生，因此，教学要依据学生的年龄特征和他们的体质情况，遵循青少年体育运动的基本规律；另一方面，教学内容的选择要注意符合国家的相关规定，注意锻炼的科学性和时效性。

3. 新兴体育运动

新兴体育运动教学内容的教育目标：通过新兴体育运动的教学，使学生理解流行体育的文化内核，激发学生对于体育运动的兴趣。并引导学生理解体育运动对于健康生活的意义，从而提升体育教学的效果。

新兴体育运动教学内容的要求：①基于新兴体育运动具有较强的流行性印记，因此，在选择这类体育运动项目作为教学内容时需要考虑其是否符合体育教学的基本要求。②尤其要注意教学内容的安全性、文化性和实践性，避免出现任何不利于学生身心健康的内容。

4. 巩固和应用类课程教学内容

巩固和应用类课程教学内容的目标：促进学生将体育运动的基础知识打造得更加坚实和牢固，并能够积极与体育运动实践相结合，使学生在体育运动技能方面获得较大的提升。

巩固和应用类课程的基本教学内容的要求：①将巩固应用类课程与具体的体育教学内容相结合，并且要对课程内容进行一定广度和深度上的拓展，同时提示学生该类课程主要的应用范围有哪些。②鼓励学生在对已学习的知识进行应用的时候充分发挥自己的发散性思维，积极创新。

### 三、高校体育教学内容的编排

#### （一）高校体育教学内容的编排方式

1. 螺旋式编排方式

螺旋式的体育教学内容，是指当某项运动项目的教学在不同的年龄或学段重复出现、逐步提高的一种设置方法。

2. 直线式编排方式

直线式教学内容的编排就是说某一项体育运动项目的理论学习和身体练习是一次性的、不间断的，一旦学过之后就不会再重复。

#### （二）高校体育教学内容的编排要领

在编排体育教学内容的工作中，要注意以下问题：

第一，充分考虑学生的基础与实际需要。体育教学的对象是学生，因此，必须对学生的身体基础和理论基础有一个全面的了解，同时还要考虑到学生的实际需求，这样才有可能产生实际的教学效果。与此同时，体育教学难度上的安排也需要做缜密的规划，要保持一定的紧张度，又不能超出学生所能承受的负荷范围。

第二，高度重视不同的体育运动和身体练习的特征。在对体育教学的内容进行编排时，由于不同的运动项目的运动技能的具体要求各不一样，因此，需要对其进行学习、巩固并做一定的改进，在领会其运动练习核心特征的基础上能够灵活运用。

## 第二节　高校体育教学内容的特性与选择

### 一、高校体育教学内容的特性

#### （一）教育性

体育教学内容是教育内容的有机组成部分，是教育思想得以贯彻的重要载体，对于青少年的成长有着重要作用，因此体育教学内容具有教育性。体育教学内容的教育性主要体现在：能促进学生身心健康成长，形成良好的个性心理品质和积极乐观的生活态度，提高其社会适应能力，使其成为具有较高科学文化素养、爱国主义精神、传统优良品德和进取精神的社会主义建设者。

## （二）科学性

由于体育教学内容是在学校进行的有目的、有计划、系统的教学内容，因此，体育教学内容也必须同其他教育内容一样，具有较强的科学性。体育教学内容的科学性主要体现在三个方面：①内容本身具有很丰富的内涵，是人类文化和科学的结晶，如身体科学原理、锻炼科学原理、训练科学原理以及相关的社会科学原理等。②在筛选体育教学内容时，人们会有意识地把那些科学和文化含量高的内容优先选择到教学内容中来。③在进行内容的编制和教学时，必须遵循有关教学内容编制和教学的科学规律与原则。

## （三）实践性

体育教学内容与其他教学内容的最大差异在于，体育教学内容主要由体育运动项目和身体练习构成，与身体运动的实践紧密相关。体育教学内容是以有关身体运动的学习和身体运动的技能形成主要培养目标的内容；是以运动为媒介，以大肌肉群的活动状态进行教育的内容。体育教学内容的学习不仅是通过学生的思维活动解决学生知与不知、懂与不懂的问题，而且是通过学生实际从事的运动学习与身体练习，以及通过运动中的肌肉本体感觉的形成与动作的记忆，解决学生会与不会的问题，它的思维和行为是紧密相连的。因此，体育教学内容的学习特别强调"从做中学""从练中学"。

## （四）开放性

体育教学内容大多是以集体活动的形式来进行的运动的学习和竞赛。在对运动的学习、练习和比赛中，人的交往和交流又是极其频繁的，因此，体育教学内容与其他学科教学内容相比具有更明显的人际交往的开放性。体育教学内容以这种人际交往的开放性为基础，构成对集体精神、竞争精神协同培养的独特功能，使得体育教学内容的学习过程中的师生之间、生生之间的关系更加密切、开放；一些以小组进行的体育学习内容使得组内的各种分工明确。体育学习中的各种角色变化远远多于其他学科，所以体育课能有效地培养学生的社会适应能力。

## （五）系统性

体育教学内容的系统性表现在以下两个方面：

一方面，体育教学内容本身必须有它的系统性，虽然这个系统性由于体育运动的特点，不同于其他教育内容的系统性,但体育运动内在的规律使内容和内容之间、项目与项目之间、技术与技术之间有着某种潜在的联系和制约因素,进而形成体育教学内容的内在结构,而这一内在结构是编制体育教学内容的依据。

另一方面,体育教学内容必须根据教育的目标、学生不同年龄阶段的生长发育特点、教学环境和教学条件等方面的因素不断认识体育教学内容的内在规律性,系统地、逻辑地安排各个学校、各个年级的教学内容,并处理好它们之间的相互关系。

## 二、高校体育教学内容的选择

高校体育教学内容选择的过程如下:

### (一)评估体育素材的价值

体育教师平常要多关注社会生活和社会的发展变化,以便在选择体育教学内容时可以以社会的生产和科技、教育等方面的发展对人产生的影响以及人们在体育健身方面的需求较之过去发生哪些变化为基础,对已有的体育素材进行具体的分析。选择合适的体育教学内容需要进行科学的论证,要看其是否能够促进学生的身心健康发展、是否能激励学生自主进行体育锻炼、是否能够提升学生的思想意识水平,然后依据所选的内容展开体育教学活动。

### (二)整合运动项目与练习

体育运动项目种类繁多,运动的形式也各式各样,因此,他们对于人体产生的作用也是有所差异的。在实际的体育教学中,在选择教学内容时,首先必须在学校体育教学目标的基础之上,分析出各个体育运动项目对学生身体机能和体能素质具有哪些方面的促进作用,以及其中的原理是什么;其次,将不同侧重点和功能的体育运动项目进行整合、筛选、加工;最后,形成具有全面促进学生身体素质增强的体育教学内容。

### (三)选择体育运动项目

事实上大部分的体育运动项目都适合于作为学校体育教学的素材。关键问题就在于对这些体育内容素材应如何进行选择和组合,以便在有限的时间和空间内发挥出体育教学最大的效能。学校体育教学内容可选择的范围巨大,要在教学的时间段完成全部项目的学习是不现实的,因此,需要在学校客观条件和学生全面发展的需求的基础上选择那些具有代表性的体育健身项目作为教学的重点内容。

### （四）分析所选内容的可行性

选好体育教学内容，就需要对其所处地理环境、气候特征、体育场馆、器材设施等做一个全面的考察，并分析体育教学内容的可行性特征，制定出与之对应的弹性实施政策，以便在可控的范围内完成体育教学内容，保证教学的质量。

## 第三节 高校体育教学内容实施的指导思想与理念

### 一、高校体育教学内容实施的指导思想

高校体育教学指导思想是对高校体育教学活动起方向指导作用的，以教学目标为核心的基本观点与认识，它从体育教学的角度反映了一定时期社会对高校体育教学培养人才的需求。

为了使高校体育教学指导思想与高等教育发展的方向相适应，现阶段高校体育教学指导思想应当以体育知识技能为先导，以培养学生体育能力为重点，以身心协调发展为中心，以终身体育为方向，其核心是树立终身体育的观念。

#### （一）以体育知识技能为先导

高校体育教学首先要体现出作为课程教学所赋予的传授体育知识技能的教学任务，将传授体育知识、技术和技能与科学锻炼身体的原则、方法有机地结合起来，才能有效地增强学生体质，提高健康水平，才能使学生树立终身受益的体育观。学生对体育知识、技术和技能掌握的熟练程度，与增强体质和培养对体育的兴趣有密切的关系。学生对体育知识、技术和技能掌握得越牢固，水平越高，就越能激发学生对体育的兴趣，锻炼身体的积极性也越高，这样对增强体质、提高健康水平的效果就越好。因此，在高校体育教学中，首先必须重视体育知识、技术和技能的传授，为学生提供科学锻炼身体的理论和方法。

#### （二）以培养学生体育能力为重点

所谓体育能力，是指体育知识、技术和技能与智力的有机结合，体现在体育教学中就是着重培养学生有自我身体完善的要求，有终身体育锻炼的欲望，具有必要的活动技能和运用技能的能力。我国高校体育教学应当重视体育知识、技术和技能的传授，进而培养学

生自我锻炼身体能力、自我设计和自我评价能力，组织比赛与裁判能力以及体育欣赏能力等，使学生毕业后在各种生活工作条件下，都能自觉锻炼身体，为实现终身体育的长远目标打好基础。

### （三）以身心协调发展为中心

体育教学活动的过程，是学生身心都积极参与的过程，在以身体练习为主的各项运动技术的活动中，学生的生理机能、运动素质、基本活动能力以及心理品质等都得到锻炼与发展，高校体育教学要使学生的身心得到协调发展，就必须既要重视体育的生物效应，发挥其对增强学生体质，提高生理机能的生物学改革作用，又要从体育教学活动的特点、功能及规律出发，充分挖掘和发挥体育教学的心理效益、娱乐效益和审美效益，从而在增强学生体质、培养体育能力的基础上，造就德、智、体、美全面发展，身心协调统一的，适应现代社会和未来社会发展所需要的新型人才。

### （四）以终身体育为方向

以终身体育为方向是高校体育教学的长远目标，也是高校体育教学指导思想工作的核心。明确了这个目标，以体育知识技能为先导，以培养学生体育能力为重点，以身心协调发展为中心指导思想对高校体育教学的指导，就不能仅限于一个学年所追求的近期效益，也不仅是在高校学习阶段的效益目标，而是要从培养学生终身从事体育锻炼的意识、习惯和能力出发，妥善地处理同类型体育课程和不同类型体育课程中，有关传授体育知识技能、增强体质、培养能力和发展外性等的相互关系；正确认识和处理体育教学的近期效益（一个学期）、中期效益（一学年或两学年）和远期效益（在校学习期间和毕业后乃至终身）之间的关系。并力求围绕终身体育这个长远目标，不断开发学生的体育能力，为终身体育打好基础，从而使学生终身受益。

## 二、高校体育教学内容实施的理念

### （一）"以人为本"理念

传统体育教学对学生全面健康发展的关注不够，体育教学课程内容主要是竞技体育运动技能，体育教学课通常被体能训练课、技能训练课所代替，新时期"以人为本"教学理念重视学生的全面、健康、个性化发展，在体育教学内容选择上，也更加科学。

在"以人为本"教学理念指导下，我国的体育教学有了很大的进步与发展，为进一步促进我国体育教学的改革，教育部门先后修订各级学校体育教学大纲，强调在体育教学中要不断丰富体育教学内容，通过多样化教学内容旨在促进学生的身心健康与全面发展。高校体育教学中，教学活动开展也建立在落实"健康第一"的教学理念的基础上进行，通过丰富的体育教学内容来吸引学生参与体育锻炼，通过体育教学促进学生身心健康发展。

此外，在丰富高校体育教学内容的同时，"以人为本"教学理念还强调体育教学内容与不同大学生的发展需求相适应，在体育教学内容优选中应注意以下要求：

第一，突出体育教学内容的趣味性，在课程改革过程中，激发学生学习的兴趣。

第二，强调体育教学内容的健身性，过度强调竞技技术提高的体育教学内容予以摒弃或改编，使之能更好地为促进高校大学生的身体健康服务。

第三，重视体育教学内容的适用性，体育教学内容的教学实施应有利于学生当前的身体健康发展，并能为高校大学生的终身体育意识和体育能力的培养奠定基础。

第四，关注体育教学内容的创新性，高校体育教学内容还应适应现代化社会发展潮流，应具有启发性、创新性，促进高校大学生的创新意识和能力培养。

### （二）"健康第一"理念

深化高校体育教学课程体系改革是促进高校体育教学发展的一个重要和有效途径，要贯彻落实"健康第一"体育教学理念，就必须在体育教学课程体系建设方面做好工作，不断丰富体育教学课程体系内容，以更好地满足当前高校大学生的多元化、个性化的体育健康发展需求。

在"健康第一"教育理念影响下，我国的高校体育教学课程现状发生了很大的改变。如体育课程内容的增加、教学方法的不断丰富、学校体育课内与课外活动的有机结合，体育选修课越来越考虑大学生的学习爱好与需要，体育课程与内容设置针对不同专业学生凸显出了不同的专业特点等。

现阶段，要继续贯穿"健康第一"教学理念，建设更加完善的体育教学课程体系，应持续做好以下工作：

第一，在高校体育教学中，应始终坚持以学生为主体，将学生的身心健康发展放在首位，所有教学活动的开展都应围绕促进学生的健康发展服务。

第二，调整体育教学内容，充分了解学生的特点和需求，对体育教学大纲所规定的教学内容进行科学选择，对与本校实际教学情况和本校学生不适合的教学内容进行调整，使体育教学内容能更好地从理论落实到教学活动实践中。

第三，丰富体育教学内容。通过丰富的体育教学内容吸引高校大学生的体育学习与体育参与兴趣，通过丰富的体育教学内容满足大学生的不同体育学习需求。

第四，重视教学内容的因地制宜，根据本地区气候、资源以及学校自身教学特点来进行特色化的体育教学课程设置，研究并推出更能反映本校学生健康发展的健康检测内容与标准。

第五，重视高校大学生课内体育教育与课外体育活动的有机结合，加强体育课对学生的教育意义和提高学生对体育课的兴趣，并使学生养成科学合理的作息习惯、健身习惯，在课余时间也能科学健身，保持健康的生活方式。

### （三）"终身体育"理念

学生的个体差异性决定了学生的体育兴趣爱好不同、所适合从事的体育运动项目不同、所渴望学习的体育运动知识与技能不同，因此，在高校体育教学中，不能只追求学生某一特定的运动技能和运动的熟练程度，而应重视不同学生的不同体育发展需求，尽可能地丰富体育教学内容，使体育教学内容项目、层次多样化。

"终身体育"教学理念指导下的体育教学内容丰富化教学工作要求如下：

第一，延伸与拓展学校体育课堂教育，使学校体育向终身体育延伸。

第二，不同教学内容的课程目标设置应在充分了解与分析学生的现状的基础上进行，以体育课程终身体育教学目标为导向组织体育教学。

第三，选用体育课程内容时，应重视对休闲体育项目、时尚体育项目的引进，开展能够激发学生体育兴趣和潜能的体育活动。

## 第四节  高校体育教学内容实施的原则与主体

### 一、高校体育教学内容实施的原则

体育教学原则就是体育教学过程中应该遵循的基本要求，是体育教学工作者在原计划的基础上对工作进行拓展和变更时所规定的界限，也是保证体育教学规范性的准则。体育课程本身就是一个实践性较强的课程，再加上涉及的领域广和内容多样，如果没有体育教学的原则作为约束，就无法保证体育教学过程的规范性。

体育教学原则是每一位体育教学工作者都应该坚持和了解的基本内容，也是体育教学中的重要组成部分，在教师的教学工作之中发挥着异常重要的作用。研究体育教学原则可以为体育教学提供更好的服务。

## （一）合理安排身体活动量的原则

合理安排身体活动量的原则，是指在教学的过程中必须体现体育教学的本质特点——身体的活动性，而且要根据学生的身体状况和运动的特点，保证学生接受的活动量在肌体承受能力之内，同时又能够满足学生掌握体育知识和技能的需要，以及身体发展的需要。

合理安排身体活动量的教学原则是依据体育教学的特点，以及学生在身体锻炼过程中所承受的运动负荷的规律而提出的。

科学的身体运动是学生锻炼身体和掌握基本运动技能的过程，也是保证体育教学目标实现的过程，因此，在体育教学过程中要保证学生肌体所承受的活动量的合理性。

## （二）注重体验运动乐趣的原则

注重体验运动乐趣的原则是指在体育教学过程中，传授学生体育相关知识和技能的同时，让学生感受到体育学习的乐趣，这样能使学生喜爱体育运动，并积极参加体育教学活动。

让学生体验体育运动的乐趣，同时也是促进体育教学质量提高的手段，因为体育教学侧重的是学生的学习活动，学生只有在体验到体育运动乐趣的时候，才会增加对体育运动的兴趣。有了兴趣，他们学习的主动性和积极性才能被充分调动，体育教师才能不断提高体育教学的质量。

## （三）促进技能不断提高的原则

促进技能不断提高的原则是指在教学的过程中教师要通过各种教学方法的运用，不断提高学生的运动技能，提高学生的运动成绩，从而提升体育教学质量。

促进体育教学技能不断提高的原则是由体育教学的目标、社会的需求和肌体发展的需求三个因素决定的，同时也是实现体育教学终身化的基本前提和条件。

掌握体育教学的运动技能，是通过体育教学提升学生的运动能力、发展学生的运动素质、提升学生运动技能的有效途径，也是让学生体验运动的乐趣、提升体育教学质量的前提，更是判断体育教学目标是否完成、检测教师教学能力高低的标准。

## （四）提高运动认知、传承运动文化原则

提高运动认知、传承运动文化原则，就是在进行体育教学时，通过对学生的体育知识和技能的培养，增加学生对体育运动的认识，加深学生对体育运动文化的理解，便于学生对体育文化的接收和传承。

体育运动是通过各种运动体验而形成的一种特殊的运动方式，而且就目前运动在人们

生活中的价值和社会发展的趋势可以看出，人们对运动的认知能力的提高，不仅有利于身心健康的提开，还有利于运动文化的传承和发展。

每一门学科都有其重要的作用，体育教学的作用之一就是提高学生的运动认知能力，促进学生身心健康的全面发展。因此，在开展体育教学的过程中，要坚持提高运动认知、传承运动文化的原则。

### （五）在集体活动中进行集体教育原则

在集体活动中进行集体教育原则是指在学生进行集体性的学习活动时，要注重对集体荣誉感和团结性等集体活动特性的培养，增强集体的凝聚力，使学生形成正确的集体意识，养成良好的集体行为习惯。

在集体活动中进行集体教育原则依赖于组成集体的特点、集体活动的规律、集体运动的发展等。

体育教学活动主要以协同、竞争、表现为特点，并在集体活动形式中得以体现。再加上体育教学侧重于室外教学，受场地、教学活动范围和教学方式的影响，体育室外教学的开展一般以小组为单位，这使得体育教学具有集体性，因此，在教学过程中要注重对学生进行集体教育的原则。

### （六）安全运动与安全教育的原则

安全运动与安全教育的原则是指在教学的过程中保证安全教育的同时，对学生进行安全意识的培养和教育。

安全运动与安全教育的原则是依据"体育运动中的特点"和"加强学生体育教学的目的"两方面确定的。众所周知，体育运动是由剧烈的身体活动、野外活动、集体活动、器械运动等一系列身体上的运动组成的，因此体育运动是一种危险系数较高的活动。初学者或是体质较弱的学生在学习某类活动的时候风险较高，但是这种风险是相对的，是可以避免的。因此在体育教学之前，要进行严格的设计，保证教学的安全性。

## 二、高校体育教学内容实施的主体

### （一）高校体育教师

在体育教学中，体育教师是课堂的重要组成部分，是学校体育工作的具体执行者，直接关系到学校体育教学任务能否顺利完成。为此，体育教师的职责包含以下十点内容：

第一，忠于党和国家的教育事业，认真学习贯彻马列主义，坚持党的教育方针，努力钻研业务、技术，树立热爱国家教育事业的意识，努力做一名优秀的体育教师。

第二，热爱本职工作，认真学习和钻研体育课程标准，搞好体育教学，严格评定学生的体育成绩，完成体育教学任务。在深入调查研究中，掌握学生和教学的实际情况，在钻研教学教法的基础上，认真备课，不断提高教学质量。

第三，体育教师要充分利用体育课堂对学生进行思想教育和组织纪律教育，引导学生养成遵守纪律、听从指挥的良好品质。

第四，通过体育教学，向学生进行体育、卫生保健教育，增强学生的体质，促进学生的德、智、体全面发展，为提高全民族的健康素质奠定基础。

第五，规范体育教学常规，要首先以身作则，严于律己，做到仪表端庄，语言简练，口令清晰，示范动作及术语准确；讲普通话，教态稳重亲切；穿着得体，便于给学生做示范动作。

第六，认真上好每一节课。要提前十分钟到达操场，做好上课前体育器材、运动场地的安排布置工作，认真执行教学计划，不能随心所欲。教学活动中，体育教师的示范动作要做到准确、熟练、优美。

第七，体育教师要根据授课的内容和任务，努力做到精讲多练，既要使学生通过体育锻炼增强体质，又要使学生掌握一定的运动技巧。要特别重视对学生进行安全教育，杜绝伤害事故的发生。另外，要及时送还体育器材，做到不损坏、不丢失。

第八，根据学生的年龄、心理、体重等特点因材施教，同时注意防止意外事故的发生。努力提高学生的体育素质，注重技能技巧的培养。进行定期的抽查，观察课堂教学目标的落实情况，学生能否达到预期的教学目标，课堂上学生是否有良好的学习习惯与行为，课堂纪律是否良好，等等。

第九，认真做好学生体育成绩的考核评定，建立健全学生体育档案、运动队训练档案及各项竞赛活动等资料的整编；使学生能达到课程标准规定的基础知识和基本技能的要求，体育达标率在90%以上，优秀率在50%以上。

第十，切实组织好全校的早操、课间操和班级体育活动，积极推行《国家体育锻炼标准》（2013年修订）。搞好课余体育训练工作，组织和辅导学校安排的校外体育活动、大课间活动、体育竞赛等各项体育活动，做到有计划、有组织、有效地完成体育教学的目的和任务。

## （二）高校学生

在素质教育背景下，高校体育教学需要充分体现学生在体育课堂上的主体地位，发挥学生的主体作用，这样才能调动起学生的学习兴趣和热情，激发学生的体育运动动力。

对高校学生进行分析，高校学生的身心具有以下特点：

1. 波浪性特点

高校学生生长发育各阶段都会经历上升—顶峰—下降的发育变化过程。同时，各阶段的发育速度也不均衡，有快有慢，具有明显的波浪性特征。因此，不同器官系统的发育顺序和速度也不同。一般情况下，人的神经系统最先发育，然后是淋巴系统，这两个系统的发育速度呈现出由快到慢的趋势。按照发育顺序依次为运动、呼吸、心血管、泌尿、消化、生殖几大器官系统，这些系统的发育速度则呈现出由慢到快的趋势。换言之，高校学生身体发育具有显著的波浪性特征，而人的身体发育状况与各项身体素质的发展直接相关，对其具有关键性决定作用。

身体素质的发展顺序和速度也符合波浪性特征，呈现出有快有慢、有早有晚的趋势。人的身体素质随着身体的生长发育而不断增长，增长速度也各有不同。按照达到顶峰及平稳发展期的时间对所有素质进行排序，依次是：速度、灵敏、柔韧、耐力、力量、速度耐力、力量耐力。身体素质按照上述顺序增长，与人的身体发育速度息息相关。众多素质中速度和灵敏的增长速度最快，最早进入稳定发展期，这主要是由神经系统的发育决定的，人体进入青春期后，神经系统的发育速度最快，所以速度和灵敏自然也就增长得最快，最早达到峰值。

决定人体力量是否强劲的关键要素是肌肉细胞是否足够粗壮、肌肉的生理横切面积是否够大。而人体生长发育的程序性特征表明，人体各组织长度的发育往往比围度、宽度的发育更快，且更早达到高峰期和平稳期，也就是说，人的身高发育比体重发育早。人体进入青春期后，其身体各组织的长度（骨骼、身高等）优先快速生长，此时肌肉细胞细长、横切面积小，力量素质自然会比较差；当身体长度的生长速度达到高峰并开始减缓以后，各组织的围度和宽度开始进入快速生长期，肌肉细胞开始变得粗壮，横切面积不断增大，进而变得越来越有力量。由此可见，力量素质的发展是一个比较漫长的过程。

速度耐力与力量耐力的增长，必须以无氧代谢能力的增强及力量素质的增长为前提。人体进入青春期后，虽然身体各方面的机能都在飞速发育，新陈代谢旺盛、生物氧化迅速、氧气需求量大，但是血液中的血红蛋白与肌肉中的肌红蛋白的数量都比较小，心肺功能发育还不完善，无氧代谢能力相对较弱。因此，速度及力量方面的耐力较差、增长速度较为缓慢，在所有身体素质中发展速度最慢。

2. 程序性特点

高校学生身体组织的生长发育速度具有顺序性和波浪性特征，也就是说尽管人体的所有组织部位都在发育，但发育速度有快有慢，进入稳定期的时间有前有后。这种生长发育的程序性特点具有如下三个规律：

（1）头尾规律。在人体发育的两个高峰期中，第一个高峰期是一岁之前，由头大、躯干长、四肢短小的新生儿快速生长为各身体组织发育平衡的孩童，这一阶段人体身高和体重取得飞速增长。第二个高峰期是青春期，这时身体各组织的长度（身高）快速生长，但头部发育非常缓慢。人体发育成熟后通常头部占整个身体比例的12.5%，躯干短，下肢长。综合人体的全部发育过程可以发现，人体各组织的生长程度从少到多依次为：头部—躯干—上肢—下肢。

（2）向心规律。通常情况下，人类7岁后的身体发育基本都会按照从肢体远端到近端（双脚—小腿—大腿—手部—胳膊—躯干）的向心规律顺序进行生长。

（3）高重规律。人体的生长发育具有程序性，各组织长度的发育通常会比围度和宽度发育得更早，也就是说，骨骼的成长先于肌肉，人在成长过程中往往先增长身高，再增加体重，这也就是为什么很多青春期的孩子看起来瘦瘦高高，像缺乏营养一样。

3. 同一性特点

人类身体和心理各方面的发育具有不均衡性，但都遵循由量变到质变的转化规律。生理机能水平的高低很大程度上取决于身体结构的发育，而人体各项素质的高低在运动能力的层面上则直接表现为身体结构及生理机能的发展水平。人体生理机能和各项素质的增长一定会伴随着心理层面的发展。这些要素之间协调统一、互促互进，具体表现如下：

（1）身体结构、素质及生理机能三者之间的增长速度紧密相连。身体结构、生理机能的生长速度加快，则各项素质的增长速度随之加快，反之亦然；当两者进入稳定期后，身体素质也同样进入稳定期。进入青春期后，人体各项素质飞速增长，特别是女性的增速惊人，在12岁左右各项素质就基本发展成熟。过了青春期，人体素质的增长速度会随着身体各项机能生产速度的减缓而减缓，当身体停止发育时，各项素质的增长也随之停止，保持长期平稳状态。

（2）身体素质与身体结构之间的发展存在某种内在关系。将人体生长发育两个高峰期中的身高、体重、胸围等关键身体结构要素与人体各项素质的发展比例放在一起，能够明确得出：第一高峰期中组织长度（身高）的增长速度要比第二高峰期的增长速度快。

## 第五节　高校体育教学内容实施的模式探索

### 一、高校体育微课教学模式

目前，体育教学方式在科学技术迅猛发展的引领下发生着翻天覆地的变化。作为新生事物，微课正在成为一种新型的教学模式，它给学校教学方式带来更多变化。"利用微课进行课程教学，已成为当前信息化课程教学的重要模式之一。"[①]

## （一）整合微课教学内容

学校体育教学涉及的内容非常多，包括体育理论、心理健康、球类运动、田径运动等，因此教学的任务比较繁重，课程的时间安排上也非常紧凑。虽然体育教学内容多，但是并非所有的内容都适合采用微课的形式来进行教学。所以，教师必须对教材进行深入研究，对其中的内容进行优化与整合，使各项内容有机地结合在一起。

例如足球基本技术的教学，教师可将此内容整合为四个具体的项目，即基本特点、基本技术、基本战术和基本规则。这四个项目又各自可以划分为三个更具体的层次，即基础内容、提高内容以及拓展内容。基础内容包括运球（脚内侧、正脚背、外脚背）；运球过人；踢球（脚内侧、正脚背）；脚内侧接球；掷界外球；守门员接球。提高内容包括无球技术；大腿接球和胸部接球；头顶球；抢球技术的综合运用；守门员发球。拓展内容包括组织以阳光健身、快乐足球为主题的班级五人制足球对抗赛。经过整合的内容非常清晰明朗，为微课的制作奠定了良好的基础。

此外，学生也可以从整合的内容中选择真正适合自己的内容进行学习，从而有效地满足学生多元化的学习需求。

## （二）把握微课设计要点

### 1.凸显课程属性

由于微课是一种比较新颖的教学形式，因此，很多体育教师对其了解得并不全面，认为利用微课开展体育教学，只要照搬一些其他课程的微课模式就可以了。殊不知，这样的体育微课很难体现出体育这门课程的特色，也会对体育教学的质量造成不良的影响。所以，体育教师在制作体育微课的时候，需要以"健康第一"理念作为根本的指导思想，在微课中凸显体育这门学科的特色，使知识、技能的传授同学生的身体锻炼和人格培养紧密结合在一起，不断提升学生的学习、生活质量。

### 2.简短有趣

微课的时长通常在5-10分钟，这主要是为了更好地吸引学生的注意力。体育微课的设计也应当将时间控制在合理的范围内，为学生设置简短有趣的学习内容，营造宽松的学习氛围，使学生能够全身心地投入体育学习，培养良好的学习习惯。

---

[①] 杨莉，胡国兵，姜志鹏.应用型本科实践类课程微课的教学设计[J].中国成人教育，2022（9）：39.

### 3. 创新性

学生是一个思想比较活跃的群体，好奇心强，喜欢接触新事物，因此微课的制作应当迎合学生的这些特点，体现出创新性。具体来说，应当注意两个方面：①微课的内容要具有时代性，贴近学生的生活实际，并且根据具体的情况随时进行更新。②微课的画面以及内容的呈现形式要追求新颖，吸引学生的注意力，如将动作分解融入有趣的小故事中，强化学生的理解与记忆。

### 4. 系统性

体育课程设计的内容非常多，因此，体育微课的制作很容易陷入碎片化的困境，这样就很难对学生的知识学习起到良好的辅助作用。所以，教师在制作体育微课时，要对教材的主线给予特别的关注，强调知识点组合的系统性。

### 5. 实用性

体育教学除了理论知识的教学之外，还包括技能的教学，而且技能教学占据主要的地位。因此，体育微课的设计应当尽量做到通俗易懂、实用易学，还要紧紧围绕体育技能的核心要素，将学习的重点加以突出，并且便于学生的自我检测。

## 二、高校体育慕课教学模式

慕课是计算机网络技术迅速发展的产物，它具有大规模性、在线性、开放性、高效性等特点。慕课作为在线教育的延伸和拓展，蕴含多种教育理念。正因如此，慕课在教育教学领域得到广泛应用。近年来，体育慕课教学是体育教学信息化改革的重点，也是体育教学信息化改革的重要方向。慕课教学模式克服了传统教学模式单一的弊端，确立了学生的主体性地位。

### （一）高校体育慕课教学模式的优势分析

#### 1. 更易促进体育教育的公平

在体育慕课教学模式中，世界范围内的学生都可以根据自己的学习情况自主选择学习时间和地点。慕课在高校体育教学中的应用，突破了地域经济差异，丰富了教学资源、扩大了学生的数量，从而使不同地域、不同职业、不同年龄、不同学历的学生都可以自主学习。可以说，慕课这种开放性的学习模式，为想要学习的学生提供了学习的平台，避免了想学而无法学习的现象，有利于扩大学生的数量，也有利于提高体育教育的覆盖率。另外，学生也可以根据自己的兴趣、特长等进行体育精品课程的学习。在学习体育课程过程中，学生如果遇到了问题，可以借助慕课平台与教师、同伴进行交流和互动，从而主动地构建知识，改变了被动接受知识的局面。

总之，在体育慕课教学模式的影响下，教师不再是主导者，学生成为学习的主体。同时教师和学生形成了一种平等、和谐的师生关系。另外，体育慕课教学模式为学生提供了公平的学习机会和受教育机会，有利于促进体育教育的公平性。

2. 推动终身体育学习理念养成

慕课在体育教学中发挥着至关重要的作用，也是现代体育教学发展的重要方向。随着慕课的发展以及体育教学改革的不断推进，慕课对体育教学的影响也越来越大，慕课也将会不断应用于体育技能教学、体育技能训练、体育培训、体育实践等多个方面。同时，慕课融多种学科于一体，学生可以根据自己的学习情况和学习需要，自主学习、自主监督、自主调控，并不断与教师和其他相同兴趣、特长的学生进行交流和互动，从而不断学习、不断提高，进而促进终身体育学习的发展。

3. 使体育学习过程更加个性化

体育慕课教学模式蕴含着丰富的开放式教育资源，有利于学生随时随地进行学习，有利于优化学生获取知识的途径。慕课课程资源具有优质性的特点，这些优质的课程资源有利于吸引更多的学生来平台注册学习。同时，体育慕课教学模式注重学生创新能力的培养，重视学生的个性化发展。众所周知，不同的体育教师具也有不同的学历层次、知识结构、教学经验，因此，即使面对同一个教学内容，不同的体育教师对其有着不同的理解和表达。这样有利于避免教学内容和教学过程的千篇一律化，有利于促进学生的个性化发展，还有利于学生根据自己的实际学习情况科学地选择体育课程内容。

另外，除了学校教材要求学生学习和掌握的内容外，学生还可以充分利用慕课平台，根据自己的特长和兴趣，结合自己的自由时间，自主选择一些适合自己个性化发展的学习内容，这样有利于学生在拓展学习中体验运动的乐趣，有利于全面促进学生的个性化发展。

4. 使体育教学课程更加鲜活

无论是高校体育教学理论知识，还是其他形式的教学理论知识，都是枯燥乏味、艰涩难懂的，难以激发学生的学习兴趣，而体育慕课教学模式充分利用信息技术、云计算技术、大数据技术等先进的网络技术，将枯燥、艰涩的体育理论知识以信息化的形式呈现出来。这种信息化的形式避免了理论知识的艰涩难懂，从而使体育教学更加鲜活。体育慕课教学视频可以在一个个十分钟左右的课程中集中讲解某一体育技术问题或者体育理论知识，还可以在教学中设置一些师生互动活动，这种互动性的活动有利于激发学生学习体育的兴趣。学生通过慕课学习不仅可以将碰到的问题或困难在互动交流平台上向教师提出，教师则可以及时给予相应的解答。

此外，学生还可以随时了解和调整学习进度，这种新型学习方式有助于使得原本相对枯燥乏味的体育理论知识变得更加生动有趣，从而极大地提升学生的学习欲望和主动性。

### 5. 培养学生的自主学习意识

体育慕课教育模式注重先学后教，这种理念为新的学习方式的开展提供了保障。在慕课平台上，学生通过短视频先学习体育的理论知识，然后教师再在课堂教学中对体育动作进行讲解和示范。学生经历了这种新兴教学模式带来的教学方式的变化，教师在实施自主学习、合作学习和探究学习时就会顺利很多。

由此可见，体育慕课教学模式的主要特征是先学后教。这有利于学生充分发挥自身的主观能动性，有利于学生自主学习意识和自主学习能力的提高。在体育慕课教学模式的影响下，学生也养成了自主学习的习惯，这种学习方式有利于学生以后的学习和发展，有利于学生树立终身学习的观念，有利于全面提高学生的综合能力，这是传统体育教学模式无法实现的。

### 6. 提升教学质量与教学效率

随着信息技术的发展，传统体育教学模式的弊端日益凸显，在一定程度上限制了体育教学质量和效率的提高，同时也在很大程度上制约了体育教学的发展。而体育慕课教学模式可以有效地解决传统教学模式中存在的各种问题，具体分析如下：

（1）有利于学生形成清晰的动作概念。体育慕课教学模式可以将一些连贯的、复杂的动作制作成短视频，并通过图片、文字、声音、图像等方式将这些连贯的、复杂的动作呈现出来，这样学生可以通过短视频更加直观地学习这些复杂的动作。具体而言，学生可以根据自己的实际学习情况，自己控制观看短视频的进度，遇到某一难理解的动作时，也可以利用短视频的暂停、回放等功能来对这些动作进行回看，这样有利于学生形成清晰的动作概念，正确理解动作要领，全面地学习和掌握体育运动动作。

（2）有利于学生一对一在线学习。众所周知，慕课的主要特征之一就是大规模性，同一课堂上学习的人数达到数百万。但体育慕课教学模式强调在线学习，这些数百万的人都是在慕课平台上进行的在线学习。实际上，这种在线学习很大程度上是一对一学习，不仅有利于学生的自主学习，弥补大班授课的不足，还可以对学生的学习进行监督和管理。

（3）打破了传统教学模式受时间和空间的限制。体育慕课教学模式不受时间和空间的限制，也不受光线、天气等其他因素的制约，学生可以随时随地进行学习。

传统体育教学模式容易受外在环境的影响和制约，在很大程度上影响了体育教学质量和效率的提高。而体育慕课教学模式避免了这些外在环境因素的影响，可以不受时空的限制，有利于提升体育教学的质量和效率。

### 7. 节约教育成本，缓解师资压力

慕课平台主要以信息技术和网络技术为载体，它集多种开放性、优质性教学资源于一

体。慕课平台上的教学资源也可以无限制地被学生使用和学习,这样不仅提高了体育课程资源的利用率,还降低了体育课程资源开发的成本。由此可见,慕课融入体育教学,能够在很大程度上节约体育教育成本。

随着高校的不断扩招,学生人数不断增加、教学任务也在不断增加,体育师资已无法满足当前高校体育教学以及学生的需求。体育教师面临着繁重的教学压力,同时体育师资力量不足的问题日益凸显。

慕课应用于体育教学中,能够有效解决体育师资力量不足的问题,也能够缓解体育教师的教学压力。教师可以通过慕课平台上的相关数据了解学生的学习情况以及教学质量和教学效果。借助慕课平台来获得反馈信息,这样教师可以有更多的精力进行教学设计、方案规划、活动组织、课后辅导等。

## (二)高校体育慕课教学模式的应用策略

1. 转变体育教学观念

(1)单一办学主体转变为国际化联盟式办学主体。传统学校办学模式比较单一,绝大多数都是单一办学主体进行办学。而随着慕课平台在体育教学中的应用,学校办学模式也逐渐向多个学校联盟办学的模式转变。慕课平台的出现并不是单一学校独自开发的结果,而是多个学校多个优秀教育专家联合共同开发和建设的结果。可见,传统的单一办学模式并不能适应当今信息化时代的发展,如果学校不及时转变办学观念,就会被时代所淘汰,也不利于国际化人才的培养。因此,学校应该意识到慕课平台建设需要国际化视野,并在具体实践中,充分吸收世界各国的优秀办学经验,改变单一的办学模式,将办学视野扩大到国际范围,从而实现国际化联盟式办学模式。

(2)个体学习转变为团队学习与个性学习相结合。在传统体育教学中,学生的学习模式是被动的、单一化的,不利于学生团队学习,也不利于学生个性化发展。要想改变传统的个体化学习模式,学校应该将慕课应用于教学中,充分发挥慕课教学的优势,创新教学方法和策略,开发丰富的学习资源,提倡学生间、师生间、群体间、国家间的大规模集成化学习。同时,学校还应该采取多种手段和策略来鼓励和引导学生发展个性,从而真正实现学习模式的团队学习和个体化学习。

2. 加大宣传,促进资源共享

加大慕课宣传的方法,主要有利用网络平台、学校平台、教师等。除此之外,慕课平台还应该借助自我营销的方式,吸引更多的人注册慕课进行学习。在加大慕课宣传力度的同时,还应该注重慕课平台中优质资源的共享,从而使世界上更多的人能够根据自己的特长、兴趣，科学选择适合自己的课程，以满足自己的学习需求。

总之，加大宣传力度有利于更多的人了解慕课，使用慕课，有利于促进优质资源共享，促进教育的国际化发展，实现教育的公平性。

3. 制作体育慕课特色课程

在体育慕课教学模式中，学校要注重顶尖团队的培养，从多个层面打造体育核心课程，并充分利用慕课平台实现体育资源的全球共享，从而吸引世界上更多的学生进行体育特色课程和优质课程的学习。

除此之外，还要注重体育非核心课程建设。这是当今时代一专多能人才培养的要求。因此，我国学校应该充分利用慕课这一信息化平台，将世界上优质的体育课程资源融入本校慕课平台中，这样有利于拓展学生学习的范围，有利于激发学生学习的兴趣，提高学生的自主学习能力，从而为一专多能人才的培养奠定基础。

4. 丰富体育慕课课程资源

（1）慕课课程的质量对教学效果有很大的影响。虽然我国对慕课课程的质量没有制定严格的标准，但是慕课课程的质量对教育质量有直接的影响，这就要求各个学校必须制作出非常优质的慕课视频课程，从而提升体育教学的质量。因此，政府、学校、企业等需要制定出一套慕课课程的质量标准，从而提升慕课课程质量。教师是慕课课程资源开发与利用中的重要参与者，其能将慕课课程教学的作用发挥到极致。因此，学校在进行慕课课程资源开发时不仅要积极引入高质量课程资源，更是要重视教师在课程资源开发中的作用，鼓励教师与时俱进，把慕课教学模式引入体育课堂，以提高教学效率。在具体的课堂实施中，教师可以将慕课与体育教学灵活地结合起来，这样慕课就以一个新的、学生更能接受的形式参与到体育课堂中来，同时还有利于调动学生学习的积极性。慕课内容的载体形式是视频，因此，这就要求体育教师在具备扎实的专业知识之外，还需要具备一定的信息技术能力，能够制作短视频。慕课视频课程要建立一套完整的制作、审核、评价机制，从而制作出一套质量优质的在线视频课程。

（2）学校实施慕课教学也是为了满足个性化教学的需求。因此，在制作慕课视频课程时，教师要充分考虑到学生的需求，打造出可以满足不同学生需求的多层次慕课课程。为了建设更高水平的慕课课程，学校可以引进国外的优质慕课课程资源，从而结合教学实际情况，形成自己特色的慕课教学资源。对于少数民族的体育教学来说，他们很难获得比较好的慕课课程资源，因此教育部门还应该结合当地情况，对其倾斜一些课程资源，从而满足少数民族地区学生的慕课学习需求。

5. 开发体育慕课精品课程

（1）学校、教师、学生等要多方宣传与推广运用体育类国家精品开放课程。由于我国的体育类方面的精品课程较少,学习的人数也较少,因此,体育类精品视频课程播放量较少。为了使更多教师和学生获得精品课程的好处,学校、教师和学生应该尽可能地通过多种手段宣传精品课程,从而发挥精品课程的最大价值。

(2)完善体育类国家精品资源共享课中体育专业课程的建设。体育类国家精品课程仍然存在一些不足,只有少数的体育课程资源用以建设精品课程,而一些体育与其他学科结合的课程还没有建设完善。各个学校还要对慕课与传统体育结合的课程加强建设,申报一些精品课程建设项目,从而不断完善体育专业课中的精品课程资源。

(3)改善体育类国家精品开放课的视频内容,加强课程视频的后期制作。体育类国家精品课程是十分优质的课程,但也存在一些有待完善的地方,例如,将视频内容的知识点进行展示,并且加入不同动作的示范画面。在视频的后期制作上,还有一些有待完善的地方。另外,在视频上还可以将重点内容进行着重提示,使学生在遇到重点时可以集中注意力学习。

(4)开发体育类国家精品开放课程平台的多元化功能。体育类国家精品课程的平台还有一些调整的地方,在平台上可以增加一些答疑解惑的版面以及师生交流的模块。这样可以使学生在遇到不懂的问题时可及时向教师咨询,并且学生之间也可以就视频观看的理解互相进行探讨。另外,体育类国家精品课程平台的开发者还需要设置一个建议模块,让使用这个平台的人有好的建议提交上去,从而使平台不断完善。

6. 改革体育教学方法手段

由于慕课是开放性很强的一种教学模式,因此慕课教学也有着比较多的选择性。慕课平台在网络上不受国界的限制,因此,它可以很好地将课程共享给世界各地的人,并且世界各地的人也可以将慕课视频上传到慕课平台,使得慕课平台上的课程资源越来越多。因此,教师可以从慕课平台上找到同一个知识点的很多个慕课视频,可以选择适合自己的慕课资源,从而分享给自己的学生。

教学方法对教学效果的影响非常大,为了保证教学效果,体育教师可以适当调整教学方法。教学方法使用恰当,可以充分激发起学生的学习兴趣,调动学生学习的积极性和主动性,从而使学生更好地将知识内化。慕课教学模式就是很好的一种教学方式,体育教学可以充分借鉴这种教学模式,从而提高体育教学的效果。

## 三、高校体育混合式教学模式

长期以来,学生在传统教学模式的框架下学习体育知识与技能,不可否认取得了一定的成果,但也存在问题。在这种背景下,基于信息技术的混合式教学模式得以提出,体育教师可以借助各种各样的教学方法实施不同项目的体育教学。教师的教学积极性得到提高,学生参与体育学习的热情也随之上涨，体育教学的效果得到了很大改善。

混合式教学是在信息技术飞速发展的时代背景下产生的，它的践行离不开网络化的教学环境，这是实现人机互动的基础。混合式教学实施的目的依然是更好地达成教学目标，只不过在教学过程中强调教与学所有要素的优化组合，这样才能取得最佳效果。各种各样的教学理念、方法、原则都可以在混合式教学中得到应用，学生可以自主地选择适合自己的学习方式，达成学习目标。混合式教学强调教学技术的应用，教学是一个信息与知识传递的过程，传递的效果如何，与教师采取的教学技术密切相关，恰当的技术能够极大地优化教学效果，反之，则对教学起到负面影响，学生的学习质量也无法提高。所以，教学必须依托恰当的技术。

线上学习与线下学习结合仅仅是混合式教学的表现形式，其内在本质应当渗透在多个维度，如在线学习环境与课堂学习环境的融合、在线教学活动与课堂教学活动的融合、在线教学资源与课堂教学资源的融合，等等。

综上所述，在线学习与传统课堂学习的整合是混合式教学的主要特点，各种教学理论、方法、资源、媒介等的融合是混合式教学的核心内容，在此基础上，学生充分发挥主体作用，教师则扮演辅助角色，在良好的环境中开展自主学习、协作学习、个性化学习，以实现教学的最终目的。

### （一）基于微信的体育混合式教学模式

1. 基于微信体育混合式教学模式的特点

（1）线下教学为主，线上教学为辅。在当前的体育教学中，学生在课上聆听教师对体育知识与技能的讲解，而在课下巩固时，大多只能依靠脑海中的记忆或者身体感受进行，能够用来参考的复习资料很少，这约束了学生对体育技能的全方位把握。在基于微信的体育混合式教学中，学生可以借助在线教学平台查阅自己所需的学习材料，对于已经掌握的知识大致浏览，而那些难度较大的知识则进行多次阅读并加以演练，这不但提升了学生课下巩固的效果，还使得其个性化学习需求得到满足。但是，体育毕竟是一门以实践课程为主的学科，学生切切实实地开展身体运动才是根本，线上教学只能作为线下教学的辅助手段存在，而绝不能将其替代。

（2）线上线下教学内容应高度相关。线上与线下作为两种不同的教学手段，其目的是一致的，即促进体育教学的有效开展，在应用两种教学手段的过程中，线下教学始终处于主导地位，因此，无论线上教学的资源内容如何丰富、资源呈现形式如何精彩，在教学内容上，都应当与线下教学保持高度相关。体育教师可以在线上教学平台发布课前预习内容，也可以将课堂讲授中没有阐释清楚的知识点制作成教学视频上传至线上教学平台，帮助学生课后巩固与复习。

（3）线上教学与线下教学优势互补。线上教学与线下教学各有利弊，基于微信的体育混合式教学要做的就是将二者的优势充分发挥出来，缺点则尽可能规避。线上教学突破了学习的时空局限性，学生在图书馆、自习室、宿舍乃至家中都可以开展体育学习，并且能够接收到大量的学习信息，但由于学习环境的改变，学生的学习过程无法得到有效监督，集体学习的氛围也无法感受到，这也会在一定程度上影响学习成效。所以，基于微信的体育混合式教学要把线上线下教学的优势结合起来，从而切实提高体育教学的质量。

2. 基于微信体育混合式教学模式的应用

（1）线上教学平台设计应简单易用。借助微信开展体育教学要注意教学平台设计的简单化与易用性。微信作为大学生必备的即时通信工具，本身就具有普及率高、易于操作等特点，体育教师只需将微信原有的功能稍加研究，就能开发出线上教学平台。例如，体育教师可以申请一个微信公众号，将教学材料上传于此让学生浏览与阅读；还可以建立微信班级群，在群内发布与体育教学有关的通知或者与学生就体育学习的问题展开讨论；等等。

（2）线上教学内容应仔细甄选。线上教学内容作为线下教学的补充，体育教师应当仔细甄选。在线下体育教学中，大多数学生都感到教学内容过于单一且十分枯燥，尤其在体育理论课的教学中，为此，体育教师可以将一些体育竞赛、全民健身政策或者正能量的体育故事融入线上教学中，让学生在兴趣的推动下进行课前预习，并以极高的积极性投入课中学习与课后复习之中。

（3）线上教学应有组织性、纪律性。随着大学生对手机的依赖程度不断提高，在基于微信的体育混合式教学中，为了防止学生沉迷于网络，教师要引导学生形成自律的意识，并在此基础上，确立明确的课堂纪律，让学生在有组织、有纪律的环境中开展线上学习。

（4）线上教学交互通道畅通无阻。在传统体育教学中，师生之间的交互通道较为单一，在线上教学的辅助下，师生之间的交互打破了时空限制，一名教师面对多名学生、一名教师面对一名学生、多名教师面对多名学生的情况均成为可能，这样的教学环境拉近了师生间的距离，改善了师生间的关系。在实际教学中，体育教师要努力维护各种交互通道，如学生线上留言、学生参与线上教学平台建设等，从而优化线上教学的效果。

之所以采用基于微信的体育混合式教学模式，是因为微信在大学生群体中的普及程度非常高，几乎每位大学生每天都多次使用微信，借助大学生十分喜爱的通信软件开展体育教学，教学的效果无疑能够得到提高。

在实施这一教学模式时，体育教师首先应当明确线上教学与线下教学的主次关系，在这个前提之下，选择与线下教学内容相关度高的线上教学内容，充分发挥二者的优势，促使学生在有组织、有纪律的环境下，学习体育知识与技能。

在微信的辅助下，体育教学的实施有了更多可能，体育教师不再是教学的主导者，学生以学习主体的身份投入体育学习之中，在自主学习意识的支配下，体育学习的成效有所提升，教师也有了更多时间与精力为学生准备拓展性的教学素材。

### （二）基于QQ群的体育混合式教学模式

QQ群，即由多人构成的QQ交流群体，这些人或有共同的兴趣爱好，或有相似的需求。文字形式的沟通与交流仅仅是QQ群最基础的功能，共享文件、图片、视频等是其更为丰富的交流手段。

QQ群在人们日常的学习、工作、生活中都经常用到。不同的QQ群有着大小各异的规模，若创建群聊的人QQ等级较高，便可以创建基数较大的群；反之，创建出的QQ群人数将受到较大限制。通过QQ群交流，聊天过程中产生的文字、图片、文件等信息均能保留一定时间，而群相册、群共享中记录的信息则可以根据设置保留更长的时间，对于这部分信息，群内所有成员都可以浏览。

1. 基于QQ群体育混合式教学模式的设计

（1）设计依据。随着体育教学改革的深入推进，健康第一、健身育人、以学生发展为本成为体育教学的主要指导思想，在此基础上，灵活运用多种教学模式，从而提高体育教学的质量，使体育教学获得更为丰硕的成果。学生作为体育教学中的主体，教师开展的一切教学活动都应当围绕着学生，在基于QQ群的体育课混合式教学模式设计中，也应当充分考虑学生的特征，这样不仅能对学生学习的初始能力有大致的了解，还能对不同学生的特点有全面的把握。

（2）目标设计。不同教学模式在教学中实施的目的都是相同的，即达成教学目标，混合式教学模式同样如此，要想取得良好的教学效果，首先需要设计出合理的教学目标，而后，教学活动便围绕着这一目标开展。体育课程改革为当前的体育教学制订了更加科学合理的目标，并通过三个维度表现出来——知识与技能目标、过程与方法目标、情感态度与价值观目标，由此也可以看出，体育已经不再是单纯教授学生体育知识、锻炼学生体育技能的学科了，而是从学生的全面发展出发，培养学生的体育综合素质。根据这三个目标维度，学生应当做什么、在什么环境下做、做完之后要达到什么要求都是体育教师在教学目标设计中应当明确的。

2. 基于QQ群体育混合式教学模式的应用

（1）应用条件。

第一，网络工具的支持及物理环境。混合式教学模式的实施离不开必要的上网工具，因为无论是微信还是QQ都需要网络设备的支持，现如今的大学生，人人都有智能手机，还有很多同学有平板电脑、笔记本电脑等移动上网设备，所以基于QQ群的体育课混合式教学模式具有坚实的网络工具支持。相应的网络环境更是不成问题，大学生几乎都配备了流量十分充足的套餐，他们随时可以畅游在4G甚至5G的网络环境中。有些学校为了方便学生开展网络学习，还专门设置了校园无线网，只要在校园内，学生便可以尽情地使用。

第二，场地器材分析。21世纪以来，高等教育的发展始终受到教育部门的关注，体育教学更是处于不断的改革优化之中。现在，绝大多数的高等院校体育场地器材都非常完备，即便是某些硬件条件不好的学校，也都拥有标准的400米塑胶田径场，各种球类器械、刀枪棍棒等也都配备。在这样的硬件环境中，体育教师需要注意的是，专门项目的体育器材并非只能在对应项目的教学中使用，如球类器械也可以在其他体能课上应用，从而锻炼学生的肢体协调能力。

（2）实施应用。

第一，课前实施。体育课前，每节课的教学内容都可以通过相关的教学平台查阅，为了减小学生课前自主预习的难度，教师可以搜索与本节课教学内容相关的技术动作视频，根据学生的实际接受情况稍加调整，而后上传至QQ学习群内，并把预习任务告知学习小组的组长，让小组成员带着任务开展学习。若学生在观看教学视频的过程中产生疑问，可以通过群聊的方式及时向教师求助，教师将一般性的问题加以解答，那些难度太大的问题则留到课堂上集中阐释。

第二，课中实施。体育课中，体育委员发挥带头作用，组织全班同学进行热身训练，与此同时，各小组长帮助教师把上课所需的器械道具放到相应位置。全班同学热身结束后，体育教师就本节课需要学习的内容向学生简单提问，考查他们课前自主学习的成果，而后，教师详细讲解教学内容，并亲身示范。在此基础上，全班同学以划分好的小组为单位，在小组长的带领下开展动作训练。体育教师进行巡回指导，对动作错误的学生加以纠正。练习结束后，各小组进行比赛，对获得胜利的小组予以奖励，失败的小组则接受适量的体能加练惩罚。

第三，课后实施。体育课程结束后，教师要为学生布置相应的作业，以巩固其学习成果，具体包括体能作业、技能作业与上课总结。完成作业的过程中，出现任何问题都可以通过QQ群与同学探讨或者直接向体育教师请教。

## 四、高校体育翻转课堂教学模式

"信息技术的发展带动了社会的进步，学校教学也悄然发生着变化，翻转课堂这种新型的教学模式亦应运而生。"[1]翻转课堂也可以叫作颠倒课堂、反转课堂。这里所说的"反转"主要是针对传统课堂教学而言的。翻转课堂是人们普遍接受的概念。

翻转课堂在许多方面都对传统课堂教学进行了革新，作为一种全新的教学模式，它具有一些颠覆传统课堂的突出的特征，翻转课堂改变了传统的教学过程，对课堂时间进行重新规划与分配，在传授知识的方式方法上有所创新，促进了教师与学生身份角色的转变。

### （一）创新教学方式

翻转课堂的又一重要特征就是对教学方式的创新，其中最具代表性的就是短小精悍的教学视频，教学视频是翻转课堂教学资源的集中体现。

翻转课堂中的教学视频则在一定程度上改变了被动接受知识的局面，学生可以通过短小但内容丰富的教学视频来接受知识，并且还可以根据自己的需求暂停、回放、慢速播放视频，这有助于学生把握自己的学习节奏与学习进度，充分鼓励了学生的自主性发挥。在课前或者课下观看教学视频，也会让学生更加放松，在一个相对舒适的环境中学习，不需要神经过度紧绷，如果有不懂的地方还可以反复观看，强化记忆。在之后的复习巩固中，教学视频也发挥着重要的作用。

### （二）颠覆教学过程

对传统教学过程的颠覆是翻转课堂最为突出的特征。一般来说，传统教学的过程就是"教师讲授知识—学生完成作业"，这种教学过程把讲授知识的环节放在了课堂上，将内化知识的环节放在了课下，主要由学生自己完成。

翻转课堂的出现将这种教学过程彻底颠覆，它将讲授知识的环节置于课前，将内化知识的环节置于课中，将巩固反思的环节置于课后。具体来说，翻转课堂要求教师在课前就做好相应的教学准备，按照课程目标搜索、整理或自己制作教学视频，为学生提供充足的学习资源，这样可以让学生在课前就完成基础知识的学习，让教师在课前就完成教学讲授；在课中，学生可以在课前学习的基础上提出自己的问题与困惑，教师则能够及时地予以解答指导，并且，教师还可以组织学生进行小组讨论、合作学习，让学生在课堂上就完成知识的内化；课后，教师同样可以为学生提供有针对性的学习资源，帮助其补充知识，巩固记忆，鼓励学生积极进行学习反思。

翻转课堂将传统教学过程完全颠倒了过来，并且对教学过程中各个环节的功能作用进行了重新定位。

---

[1] 张艳萍. 微课教学要以"微"见长[J]. 教学与管理（小学版），2019（9）：21.

## （三）转变师生角色

教学过程的颠倒、课堂时间的重新分配自然也影响着身处课堂之中的教师与学生，翻转课堂的特征之一就是师生角色的转变。在传统课堂教学中，教师几乎占据着"主角"位置，但是在翻转课堂中，学生成了课堂的中心。学生在学习过程中遇到了问题可以向教师寻求帮助，教师主要负责为学生答疑解惑，提供及时的、具有一定针对性的指导，教师从以往的讲授者变成了学习资源的提供者，变成了学生学习过程中的引导者、帮助者。这也代表着课堂的中心不再是教师，而是学生。这种身份角色的转变向教师提出了更高的要求，教师除了要具备讲授技能之外，还需要具备收集整理教学资源、录制教学视频、组织教学活动的技能。

与此同时，学生在这样的课堂上也需要充分调动自己的主动性，不能再被动地接受知识，而是要积极、主动地汲取知识、内化知识。学生成为课堂的中心，就意味着学生将成为知识意义的主动建构者，他们可以按照自己的学习节奏、学习步调选择合适的学习时间与学习内容，遇到较容易吸收掌握的知识可以适当加快学习速度；遇到较复杂的内容可以放慢学习速度，反复观看教学视频，仔细探究学习。学生不再一味地等待教师给出答案，而是通过自己的努力寻找答案。此外，师生角色的转换也有助于拉近师生关系，对营造良好的教学氛围有一定的益处，师生之间、生生之间可以交互协作，学生可以在丰富的教学活动中掌握知识内容。学生的角色由"被动接受者"变为"主动探究者"。

## （四）重新分配课堂时间

对课堂时间的重新分配是翻转课堂的重要特征，具体体现在对教师讲授时间的缩减以及对学生学习活动时间的增加上。在传统的课堂教学中，教师需要把大量的时间花费在知识的讲授上，学生就只能被动地听讲。翻转课堂则改变了这一局面，它为课堂互动、师生答疑、探究讨论等教学活动留出了大部分的时间，期望学生能够在相对真实的情境中完成知识的学习，并且能够学会交流与合作。由于翻转课堂将教师的讲授环节放在了课前，因此它既保证了教学内容的充足，也有效活跃了课堂氛围，提升了课堂互动性。这种对课堂时间的重新分配有助于加强学生对知识的内化程度，深化学生对学习内容的理解。并且课堂交互性的提升对之后教师开展教学评价也有一定的帮助，教师能够通过学生的互动表现了解学生的学习状况，学生也能在教师的评价中进行反思，更加主动地把握自己的学习。

可以看出，翻转课堂从整体上提升了课堂时间的有效利用率。

# 第六节 高校体育教学内容实施的资源开发

## 一、高校体育课程资源的界定

课程是学校教育的核心部分，课程资源是指供给课程活动，满足课程活动需要的一切。它包括构成课程目标、内容的来源和保障课程活动进行的设备和材料，即所谓的素材性资源和条件性资源。

体育课程资源是课程资源的下位概念，它一方面具备课程资源的所有特征，另一方面还具有一定的针对性。它是指能够构成体育课程活动所需要的一切素材和条件，如构成体育课程目标和内容的基本知识、基本技能、经验、活动方式、方法、情感态度、价值观、培养目标等因素的素材性课程资源以及决定体育课程实施范围和水平的人力、物力、财力、时间、场地、媒介、设备、设施、环境、对课程的认识状况等因素的条件性课程资源。

由于人们对课程定义的理解不同，对课程资源的理解也不尽相同。例如，如果我们把课程定义为教材，那么，相应的课程资源就限定在教材的范畴之内，这就远远小于将课程定义为预期学习结果所相应的课程资源。这里的体育课程概念，是指学校教育中为所有学生提供和重建的人类知识和经验的总和。这是一个完整的、多维的课程概念，其中既包括课程目标、课程结构、课程内容，也包括课程实施、课程评价、课程管理等；既包括显性的课程计划、科目、活动，也包括隐性的教师影响、师生关系、校园文化等；既包括预期的目标、教学和学习，也包括非预期的目标、教学和学习。

## 二、高校体育课程资源开发的理念

### （一）数量与质量并重

1. 提高场馆设施的利用率

学校在编排课表时应考虑本校体育教学的条件，最大限度地扩大体育场地器材设施的使用时间。

当前，高校体育课程教学内容和组织形式正在向多样化的方向发展，根据不同的教学内容，合理地调整体育课的组织形式，延长场地器材使用的时间，可以大大地提高场地器材的使用效率。比如，有些学校体育场馆连续开放，并划分成若干时间段，学生可以按照自己的需要，选择体育学习时间，从而提高体育场馆、设施的利用率。

2. 挖掘体育设施多功能的作用

学校要立足于现状，合理利用现有的体育场地、器材设施，发挥体育器材的多种功能。如栏架可以用来跨栏，也可以用作投射门，还可以用作钻越的障碍等；实心球可以用来投掷，也可以用作负重物，还可以用来打保龄球等。学校场地器材设施的布局，既要满足体育教学的需要，又要满足课外体育活动和校内各种体育比赛的需要；既要保证学生有地方活动，又要确保安全，要形成相互依托、互相补充的多功能活动区。

3. 人力资源的有效利用

学校应充分发挥现有体育教师的作用，挖掘他们的潜在能力，调动他们的积极性，提高他们的业务水平，同时还要充分利用校内外现有的其他人力资源，如校内的学生辅导员、其他学科的教师、校代表队的专职教练员等，他们对体育课程具有支持、配合、检查、评比、组织、管理、指导、激励等作用。在体育课程的实施中起着不可忽视的作用。

学生是教学对象，是实现体育课程目标的主体，是具有较大潜力的体育课程人力资源，因此，要充分发挥学生的作用。如让体育特长生或体育骨干做示范、进行保护帮助、辅导，发挥教师的助手作用；让学生参加教学计划和评价方案的制订，发挥学生的主体参与作用。此外，还可以利用学生已有的学习经验和生活经验，让学生自己来改造、创新体育活动内容，等等。

## （二）物质与非物质层面并重

体育课程资源的开发要重视教学过程中动态生成的课程资源。学生的经验、感受、见解、问题、困惑等都是宝贵的课程资源，教师应该有权决定允许它合法地进入课程，特别是进入教学过程。一个有意义的教学过程，除了具有学习客观知识的特点之外，还应该成为广大师生共同构建知识和人生的生活和创造过程。只有当广大师生的生活、经验、智慧、理解、问题、困惑、情感、态度、价值观等课程资源能够真实地进入课程、进入教学过程的时候，教师和学生才会真实地感受到教学过程是他们的人生过程，是他们生命的有机组成部分，教学才有可能真正地促进学生的健康成长和健全发展，才有可能不断地提高教师的专业发展水平，才有可能普遍地恢复它应有的生机和活力。而做到这一点的前提条件恰恰是教师拥有课程资源的决策权力和能力，这也是教师专业发展的重要议题。

为此，对课程资源的开发和利用的研究，只有深入课堂教学层面，认真研究课堂教学过程中动态生成的这一类素材性课程资源的时候，课程资源建设才能从浅走向深刻表，课程资源的丰富内涵才能够真正体现出来。

## （三）校内外一体化的资源观

校外课程资源是根据课程资源空间分布的不同而划分的。对应校内课程资源，超出学校范围的课程资源就是校外课程资源，包括各种文化、科研机构、企事业单位、服务行业、机关、文化遗址、各类专家、先进人物等广泛的社会资源和丰富的自然资源以及校外的网络资源等。我们应善于利用学校外部体育资源，使之成为对体育教育教学和课程改革的支持。要不断完善以校为本的体育课程资源开发与利用的机制，并辐射到周边社区体育和家庭体育，实现学校自身体育教育教学和课程改革与发展的良性循环。

1. 社会环境是重要的体育课程学习场所

体育课程从课堂拓展到课外，从课外拓展到校外、拓展到社会、拓展到大自然是现代课程发展的趋势，学生所处的社会环境和自然环境都开始成为学习探究的对象，成为学习的"课堂"。这不仅可以拓展体育课程实施的空间，缓解体育课程资源的不足，还可以利用社会、自然这一人文环境陶冶学生的情操，丰富学生的情感，促进人与人之间、人与社会之间、人与自然之间的交流。校外课程资源极其广泛，它远远超出校内课程资源。以文化机构为例，各地都有众多的图书馆、博物馆、展览馆、科技馆、文化活动中心、素质教育基地等，这些校外教育资源中，蕴藏着丰富的知识、技能、经验、活动方式与方法、情感态度与价值观等课程要素，它们是学生学习的重要场所。

学校要根据教学实际情况和学生发展的具体需要，广泛利用各种社会资源以及丰富的自然资源；要积极利用和开发信息化的课程资源，有效发挥各种公众网络的资源价值。网络不仅是课程资源共享的手段，而且它本身就是一座具有巨大发展潜力的课程资源库，应该成为课程资源开发、利用和交流、共享的重要平台。

2. 拓展高校之间体育课程资源共享渠道

在我国，由于各地区经济发展程度和文化存在差异，各地区高校立足于不同的人文环境和自然环境，以各自的理念和方式对体育课程资源进行开发和利用，造成了地方体育课程资源的独特性和丰富性。因此，可以在特色课程、专业教师以及场地设施等课程资源方面广泛地开展合作，互通有无，优势互补，真正意义上实现课程资源共享，弥补各校开发利用体育课程资源的差距。同时，通过这种资源互补，亦能发现学校自身开发利用课程资源的优势，形成自身的特色。

校际间进行经验交流可以采取举办经验交流会、教学研讨会、教学观摩会等形式。可以在网络上获取体育课程资源信息，也可以在网络上进行课程资源建设的经验交流，发布相关信息。这能够极大地拓展体育课程资源及其研究成果的共享渠道，提高体育课程资源的使用效率，有利于体育课程的建设。

# 第三章 高校体育教学中的健美操教学

## 第一节 健美操教学与高校健美操教学

"健美操是一项以学生自身为对象,以力与美为核心,帮助人们健身、健心、健美的体育运动项目。高校健美操课程自开设以来,越来越受到大学生们的喜爱"[1],并成为我国大中专院校体育教学和课外体育锻炼的重要内容。

### 一、健美操及其教学

#### (一)健美操的起源与发展

1. 健美操的起源

人类的发展经历了许多历史阶段,从原始社会到今天,发展历史可谓相当悠久。而体操也拥有比较长的历史,最早的体操起源于奴隶社会,奴隶主统治阶级将生活实践中的一些动作,作为训练士兵的手段,慢慢地形成了固定的格式,通过这种训练方式逐步增强了士兵的身体素质,士兵的力量也由此增强,自此,古老的军事体操由此诞生。时代的发展和社会的进步使得人类的生命意识不断增强,因为体操是强身健体的普遍手段,健身体操随之出现。

欧洲逐步出现了近代体操,由于不同的国家和民族有着不同的社会文化背景,使得近代体操出现了很多的流派。举例来说,德国出现了适应军事的体操;瑞典出现了面向儿童和成人的体操,主要包含教育体操、军事体操、医疗体操和美学体操;随后法国也出现了军事体操。19世纪中期,丹麦体操发展迅速,丹麦体操比较接近现代体操,具有科学、全面、优美的特点,更加注重人的全面发展。近代后期,欧洲的体操运动风起云涌,大部分资本主义国家建立了体操俱乐部和体操协会,国际方面,也成立了体操联合会。随后在捷克,鹰派体操出现了,这一体操类型具有重要的历史意义,标志着现代体操初具雏形。随后,不同的体操流派通过国际比赛,以及国家间的交流,相互切磋和竞争,竞技水平不断提高,

---

[1] 吕春辉. 高校健美操教学探讨 [J]. 知识经济, 2015 (8): 177.

发展到了当今的体操。

在此过程中，大众健身体操也由此出现。欧洲的保健体操、妇女体操、儿童体操、家庭体操、老年人体操等相继出现，呈现出百花齐放的状态，普及健身是这些体操的最终目标，因此这些体操的动作都不复杂，简单易学，便于传播，同时对场地、器材的依赖程度比较小，拥有较强的随意性，与现代的基本体操很像。

2. 健美操的发展

为改变国民的亚健康状态，我国实施了全民健身计划，全民健身计划的兴起以改变我国国民的亚健康状态为主，对国家而言，国民的身体素质与国家未来的发展息息相关，国民身体素质又能够影响国民精神面貌，所以全民健身计划的落实不容忽视。在全民健身计划背景中，公民个人选择一项自身喜爱并且具有锻炼价值的体育项目是落实计划的重点。近年来，随着经济社会的快速发展，无论在各类学校还是健身馆、健身俱乐部，大众健美操因其消费得物美价廉、不受年龄限制、能够舒缓身心、塑造体育意识等优势而得到了普及，因此，大众健美操逐渐成为落实全民健身计划的核心体育项目。

（1）大众健美操的发展特征。

第一，参与者性别和区域分布特征明显。现阶段，参与大众健美操的学生群体中，很多都来自城市，乡村参与者比较少，一方面农村生活较为充实，参与有秩序和有明确锻炼指向的体育锻炼的时间比较少；另一方面农民到健身馆参与体育锻炼的意识薄弱，因此，很多人没有接触过大众健美操。而城市参与者出现男女不平衡的问题，参与大众健美操的女性明显多于男性，男性普遍认为大众健美操是女性专属的体育运动项目，不愿意主动参与。

第二，健美操发展与时代具有对应特征。1970年左右，大众健美操运动传入我国，刚开始进入我国时，中国大众并不认可该运动，经过多年的发展，才被逐渐国人接受并认可。1984年左右，我国高校开始引进大众健美操运动，并为其成立了独立的研究团队，主要负责研究大众健美操运动的正面作用，以及健美操运动对国民健身的推动作用。在此时期，我国教育事业发展迅速，各高校教育思路的重心是积极吸收外来文化，这就使得大众健美操进入高校的道路比较通畅。1992年是中国大众健美操运动发展的重要节点，在这一年，国内成立了健美操协会，由此确定了健美操在中国体育界的重要位置，也是在这一年，国内体育院制定了健美操比赛的竞赛规则，将健美操划归到了体育竞技的范畴内。1995年，国家发布了全民健身计划纲要，将健美操运动列入了全民健身的体育项目中。

（2）大众健美操的发展现状。

第一，以各类学校为研究对象。现阶段，初高中学生和大专院校的青少年，是全民健身计划的主要对象，青少年是国家未来发展的重要力量，国家的未来发展与青少年的健身习惯、健身意识紧密相连。事实上，很多院校已经将全民健身计划纳入校内教学计划中，而大众健美操运动项目的开展也已经超过预期，健美操课程不仅适用于高校，同样也适用于小学、初高中。通过专业的健美操教练的指导，学生们既能锻炼身体，增强身体素质，还能通过专业的教育，掌握健美操知识，丰富自身的知识体系。在实际教学时，健美操课程主要由理论课程和实践课程两部分构成。就目前的现状来看，大众健美操已然普及于国内各级各类学校中。

第二，以健身馆、健身俱乐部为研究对象。对于一般民众来说（这里的一般民众并不包括学生），参加体育锻炼的方式可以是自行锻炼，也可以加入社会上的健身馆参与锻炼，或者是在健身俱乐部内进行锻炼。健身馆或是健身俱乐部都拥有比较专业的教练，运动锻炼的氛围也比较好，便于人们进行长期的体育锻炼。近年来，连锁健身馆在国内各个城市逐步落实，迎合了全民健身的需求，通过各种宣传营销方式，鼓励和带动更多妇女、老年人参与到体育锻炼中。不同于其他体育运动项目，大众健美操在力量和技巧方面没有严格的要求，只要在大众健美操运动中使用舒缓的音乐，运动的节奏就会相对缓慢，妇女、儿童以及老年人便也都能够在保留体力的状态下完成锻炼。

因此，越来越多的群众参与到大众健美操运动中来，我国的一些中小城市，专业的健身会馆和健身操俱乐部也逐步进行健美操培训，进一步推广、普及健美操运动，使其成为全民健身计划的重要项目。

（3）大众健美操的发展趋势。

第一，学校领域。校园是全民健身计划落实的重点区域，健美操事业是各院校未来发展的重要的体育运动项目之一。但是，目前阶段高校开展健美操运动还存在着一些问题，比如不注重理论教学，使得学生掌握的健美操理论知识较少；同时健美操实践训练缺乏专业度，使得学生的专业知识存在偏差等，这就要求高校提升校内健美操教师以及研究人员的综合水平，在学校有效落实全民健身计划。为进一步提升校内健美操运动水平，很多高校选择与其他高校进行合作。具体来讲，就是多个高校共同使用一个专业的健美操教育团队，同时将各自学校中学习质量较高的学生直接编入高校整合队伍中，进行统一的培训，加强培训的力度，积极参与高校范围的健美操比赛，如此一来，在高校的推动下校园健美操运动必然获得长足的发展，朝着更加专业化，系统化的方向前进。

第二，社会领域。社会经济的高速发展使得人民的生活水平进一步提高，促进了人们体育锻炼意识的觉醒。在未来的一个阶段内，人们会越来越注重参与专业的体育锻炼。目前国内正着手改善空气质量，更多的人选择在室内进行体育锻炼，各个体育场馆也趁机推出相应的优惠活动，女性群体以及中老年群体越来越注重参与体育锻炼，掀起了一股锻炼风潮。对于国内体育场馆来说，不仅要辅助落实全民健身计划，还要考虑本场馆的经济效益。对于体育事业而言，只有其提供的训练服务处在行业领先地位，才可能稳定其自身的竞争力量，体育场馆为了吸引更多的民众加入大众健美操运动中来，进一步提升了健美操教练的专业度，积极开展健美操锻炼的宣传推广，接收更多参与者，切实促进全民健身计划的开展和落实。

第三，性别层面。我国体育事业在近年来发展迅速，出现了多种多样的复合型体育项目，其中就包括大众健美操运动。例如，以轻器械融合形式为主的哑铃健美操、踏板健美操以及与有氧运动完美结合的拉丁健美操、搏击健美操，改良后的复合型的健美操形式对于男性来说更具吸引力，能够使更多男性加入健美操锻炼中。由此可以看出，大众健美操在未来的发展会更加平衡，女性群体和男性群体都会积极参与到大众健美操的锻炼中来。

大众健美操在学校的发展也会更加专业化，社会人士加入健美操锻炼的人数也会随之增加，在未来阶段，将会有越来越多的民众参与到大众健美操健身事业中，不仅提升自身的身体素质，还能推动全面健身事业的发展。

（4）大众健美操可持续发展的原因。

第一，消费物美价廉。通常情况下，普通家庭中并不具备能够锻炼肌肉或快速提升体质的机械设备。如果民众想要进行高强度的体育锻炼，就需要去场馆中进行消费，虽然目前很多健身馆为了响应国民健身计划而降低了消费水平，但是对一般民众来说，即使办了卡，也很难坚持每天参与体育锻炼，在无法锻炼的时间内，办卡所花费的资金量便直接处于消耗地位中，长期下去，就会形成严重的资源浪费现象，而大众健美操运动则不需要花费大量的资金，特别是对于一些已经具有健美操专业经验的人来说，他们进行健美操锻炼需要的仅仅是相对干净和开阔的场地，所以，健美操不仅具有锻炼价值，而且资源输出需求较少，这是大众健美操运动比较大的优势，会吸引更多的群众参与到大众健美操的锻炼中，大众健美操也因为受众数量的持续增加而稳固其发展地位。

第二，参与者不受年龄限制。在体育训练过程中，参与意识能够决定人们的锻炼成果，身体状态在运动锻炼过程中也起着重要的影响作用。如果年长者没有坚持长期的体育锻炼，他们的身体状况实际上已经不适合参加高强度的体育项目；对于年轻人来说，如果他们在没有经过专业训练的前提下，就进行高强度的体育锻炼，那么他们的身体机能也会受到一定程度的损伤，因此，大多数的体育锻炼项目会限制参与者的年龄，这也是为了保护人们的身体。

而大众健美操运动量适中，运动强度合理，消耗的体能也处于中等水平，比较适合参与者进行锻炼；对性别、年龄没有限制，男女老少都可以参与大众健美操运动；不仅能舒缓身心，还能增强体质。由此看来，大众健美操并无年龄的限制，使得大众健美操运动越来越普及。

第三，舒缓身心。很多情况下，音乐能够影响人们的思想和肢体，而大众健美操的典型特征就是在音乐中进行锻炼，大众健美操对于一些音乐比较敏感的人来说是很友好的运动，人们跟随音乐的节拍进行健美操运动，相当于在音乐中舒缓身心。不仅如此，一些节奏轻快、极具韵律的音乐本身就可以娱悦人们的心情，当人们随着音乐进行拍手、抖腿运动时，他们的心情也会在一次次击掌和互动的进程中得到快速改善。生活在大城市的人们，工作压力比较大，生活节奏比较快，参与大众健美操锻炼可以舒缓身心，所以，大城市中的人们非常喜欢参与大众健美操锻炼。

第四，重塑人们的体育意识。塑造体育意识需要一定的条件和水平，通常需要人们掌握至少一种体育项目，但是对于大多数人来说，他们很少接受专业的体育锻炼教育，不能在短时间内学成一种体育锻炼项目。例如，羽毛球可以说是上手比较快且难度比较低的运动项目，如果长时间进行羽毛球锻炼，则会对人的肩部以及颈椎造成一定的负面影响，特别是对老年人来说，他们难以承受羽毛球等竞技类运动的强度。而大众健美操难度比较低，能够在短时间内培养人们的体育意识，大众健美操作为一项男女老少皆可参与的运动项目，可以纳入全民健身计划之中。

除此之外，大众健美操还能调节身体机能，通过练习健美操，适当加大体操难度和运动时长，能够起到减肥的作用。练习大众健美操的基础动作能够纤体塑形。所以说，大众健美操具有众多的优势，逐渐地发展为国民项目。

## （二）健美操的类型划分

按照练习方式，大众健美操可以分为三类，具体为徒手健美操、轻器械健美操和特殊场地健美操。

### 1. 徒手健美操

一般来说，徒手健美操包括两大类：一类是传统意义上的一般健美操；另一类是为满足不同人群兴趣、需求而创编的不同风格的健美操。徒手健美操主要锻炼人们的心肺功能，增强人体的有氧代谢能力。在大众健美操中，最容易推广、最重要的健美操练习方式就是徒手健美操，练习方式不拘泥于形式，可以在行走、跑、坐、卧中练习。徒手健美操种类繁多，其中包括搏击操、拉丁健美操、街舞、瑜伽健身术等。

### 2. 轻器械健美操

轻器械健美操主要是指利用轻器械、以训练力量为主的有氧健身操。轻器械健美操结合了轻器械体操和徒手健美操，形成了一种新的健身健美操。相比徒手的健美操来，轻器械健美操动作更加优美,具有丰富的表现力和更强的感染力。同时,轻器械健美操比徒手健美操的内涵更加丰富,使用不同的器械,编排不同的动作,表达的内容与展现的风格也各有特色。

现阶段,国内外多注重研究踏板操、哑铃操、棍操、球操等轻器械团体操领域。一些表演性质的大型团体操都采用持轻器械进行。器械是人体的延伸,在大众健美操练习中发挥着重要的作用,能够增加动作幅度,使动作更加舒展、大方。此外,器械还能遮挡动作的缺点,确保动作的整齐。轻器械健美操也是一种大众化的锻炼形式,适合大部分的练习者,在练习时间、场地、人数等方面,没有太高的要求,通过练习各种动作,既能锻炼全身,还能局部强化,增强身体的素质。

轻器械健美操的动作不是固定不变的,通过变化器械与动作、音乐与动作和方位与动作,实现创新发展。将三种关系较为完美地结合起来,能够使轻器械健美操具有优美且独特的优势。轻器械健美操的出现和发展,使得健美操运动项目在发展过程中越来越有吸引力。

3.特殊场地健美操

特殊场地健美操主要是指具有特殊功效的健美操。国外的特殊场地健美操发展迅速。在国内,因为其对场地和器械具有很高的要求,限制了这一类型健美操的开展,只有少部分健身俱乐部开设了水中健美操及固定器械健美操中的功率自行车等项目。

功率自行车、水中健美操、固定器械健美操都属于特殊场地健美操的范畴。国外非常流行水中健美操,水中健美操可以减轻运动中地面对膝踝关节的冲击力,减轻关节的负荷,充分发挥水的阻力以及水传导热能快的性能,提升健美操锻炼质量,增强身体素质,实现减肥塑形的目标。

所以说,水中健美操是一种独特的健美操练习形式,固定器械健美操包括垫上健美操、踏板健美操、健骑机健美操等,可根据自己的需要进行练习,达到锻炼身体的目的。

水中健美操的很多动作是重复的,并且呈现对称的运动形式,这能保证水中健美操具备一定的运动负荷,更全面地锻炼身体。健身性健美操对练习时间没有严格的要求,练习者可以根据自己身体的情况合理安排运动时间,而且也没有严格的练习要求,视具体情况而变。健康、安全是水中健美操的运动原则,坚持这一原则,很大程度上能避免运动损伤,在这一前提下,提升身体素质。

## (三)健美操教学的作用

1.增强体质,增进健康

健美操锻炼最首要的作用是能增强体质,增进健康。从某种意义上说,健康是人体美最基础、最本质的表现，也可以说健康就是美。健美操是通过它特有的练习内容和练习方法，来达到增强体质，提高身体素质，促进人体健康的目的。

（1）健美操运动是人体各大小肌肉群、各关节相互配合协调的活动。由于肌肉活动的加强，可使肌纤维变粗并且坚韧有力；可以有效地增强肌腱、韧带等结缔组织的弹性，并提高关节的柔韧性和灵活性。由于肌肉力量的增强，原已软化迟钝、缺乏活力的肌肉也可重新变得充满活力和具有弹性。

（2）经常进行健美操锻炼，对于心血管系统、呼吸系统、消化系统以及内脏器官都有良好的影响。它可以使心肌纤维逐渐变粗，心肌增厚，收缩力增强，心血输出量增加，提高供血能力，进而提高心脏的功能；也可使呼吸变得有力，人的呼吸加深，呼吸频率减少，吸氧量增大，从而大大提高肌体的有氧代谢能力。

（3）通过健美操的腰部、腹部、髋部等全方位的运动，加强了肠胃蠕动，促进消化液的分泌，从而增强了消化机能，促进了人体新陈代谢，有助于营养物质的吸收和利用，增进健康。因此，健美操运动能使锻炼者具有良好的肌肉力量、心肺功能以及柔韧性、灵敏性等身体素质，有利于发展和塑造强健的体魄。可以说，健美操是目前促进人体全面发展的较为理想的健身运动。

2. 塑造健美形体

健美操是以塑造健美形体为主要目的。追求形体健美是人们选择健美操的直接动机。形体健美主要指人体外形的匀称、和谐、健美以及良好的身体姿态。遗传因素生成了人的基本体型即身体外形，通过健美操运动可改善塑造健美的体型。

（1）通过健美操练习尤其是力量练习，可使骨骼粗壮，肌肉有弹性，并增大胸背肌肉的体积，从而弥补先天的体型缺陷，使人变得匀称健美。

（2）健美操练习还可以消除体内和体表多余的脂肪，维持人体吸收与消耗的平衡，降低体重，保持健美的形体。

（3）健美操对人体姿态有一定要求，对动作类型、技巧除了要有健身价值外，还强调美感。在做健美操练习时，一般要求人们身体保持收腹、抬头挺胸的姿态，经过长期锻炼可以改掉一些人含胸驼背的不良习惯，形成良好的身体姿态。良好的身体姿态是形成一个人气质、风度的重要因素。健美操练习的动作要求和身体姿态需要与我们日常生活中的状态要求基本一致。

因此，通过长期的健美操练习可改善不良的身体状态，培养我们大方端庄的体态，从而在日常生活中表现出一种良好的气质与修养，给人以朝气蓬勃、健康向上的感觉。

### 3. 调节身心、娱乐身心

随着时代的发展和社会的进步，人们在享受科技所带来的舒适生活和各种便利的同时，也受到了来自社会方方面面的精神压力，很容易引起各种心理问题。健美操是在音乐伴奏下进行身体练习的。健美操的音乐强劲、欢快、节奏鲜明、动作奔放、充满活力，进行这样的健美操锻炼，不仅使人心情愉快，排除心理上的紧张、烦恼及郁闷的情绪，还可以使人的心灵和性情得到陶冶和改善，使人的身心得到全面、协调、健康的发展，并从中获得健美操所带来的欢乐和美的享受。特别是健美操是一种群体运动，大家在一起锻炼，还能使练习者体验到个人与集体的关系，把"我"置于"我们"之中，大家共同欢乐，互相鼓励，从而缓解精神压力，使人具有更强的活力和最佳的心理状态，并增强群体意识，增进友谊，使人们的生活气氛更加愉快。

### 4. 提高神经系统机能和身体素质

健美操运动是在中枢神经系统的支配、调节下进行的。反过来，通过健美操的锻炼，也能提高中枢神经系统的机能水平以及神经过程的强度，使人的视野广阔，感觉敏锐，综合分析能力增强，生命力旺盛以及更好地控制和调节人体各器官系统的活力，保证人体与外界环境的协调和统一。

同时，随着健美操动作的路线、方向、速度、类型、力度等的不断变化，可以加强人们对动作的记忆和再现能力，提高神经系统的灵活性和均衡性。健美操强调动作的力度和幅度，长期参加健美操运动可以有效地发展人体的力量和柔韧素质。健美操中有许多不对称的动作和较复杂的上肢、下肢配合动作，经常进行健美操练习，对提高人体的协调、灵敏素质有特别明显的促进作用。

此外，健身健美操往往持续时间较长，竞技健美操强度和难度较大，这对培养人的耐力素质和克服疲劳的意志力也有很大的帮助。健美操是讲究艺术性的运动项目，从事健美操练习还可以增强韵律感、节奏感，提高音乐素养，同时培养人们认识美、鉴赏美、表现美甚至创造美的能力。因此，健美操练习带给人们的是身体素质和文化艺术素质的全面提高。

## （四）健美操教学的特点

### 1. 健与美的统一性

健美操是既要求"健"，又要求"美"的运动项目，是在增进健康、增强体质的基础上，把形体美、姿态美、动作美、气质美和风度美有机地结合起来，既注重外在美的训练，又强调内在美的培养，较为明显地反映了健身、健心、健美的自然性整体效应。健美操是按照美的规律塑造健美的自身体态（自我），同时也按照美的规律来编排创造人体动作和表演动作，以达到内外兼修的目的。这种健与美的统一，是健美操本质特征的表现，也是健美操区别于其他健身操的重要标志。

2. 编操的针对性和科学性

健美操不同于其他项目的一个显著特点是"以自然人体为对象，运用自己的力量把自己作为对象，实现自我塑造"。健美操的编操是以对象的性别、年龄、职业、身体状况等具体情况为依据，以人体生理学、人体解剖学、营养学、心理学、人体造型学、体育美学等多学科的科学理论为指导进行的。每套操的动作结构、数量、顺序、时间、身体各关节的作用、形体、心率、有氧代谢等诸多因素，都经过科学的测定和分析，因而具有明确的针对性和严密的科学性。

健美操的科学性还表现在动作的整体性上。健美操的动作来源于体操中的徒手动作和队列队形以及舞蹈中的现代舞、古典芭蕾和民族民间舞的基本动作等。但这些动作已不再是单纯的体操和舞蹈动作，而是按照健美操的特点，经过再创造所形成的健美操的特有动作，使之具有讲求实效、简单易行、造型美观、活泼多变、富有弹性、小关节和对称活动多等特点。这些动作通过科学有序的排列组合和重复，成为具有特定功能的动作整体。

3. 特有的力度性

力是健美操的一个重要特点。"力"即力度，是练习者在完成动作时，肌肉用力及动作变化的速度和动作熟练程度的外在表现。健美操动作中所表现的力是力量、力度、弹力和活力的综合。健美操动作要求的力度和力量性很强，健美操的肌肉力量，无论是短促刚性的力量、延续柔性的力量，还是瞬间的控制力量，都展现出练习者的个性风格和较高的力度感。健美操动作中力的表现，与体操相比较，少些呆板、机械，而趋于自由、自然；与舞蹈相比较，少些抒情、柔软，而趋于欢快、有力。

健美操动作表现出的力刚劲有力，积极快速，充满生命的活力，给人以一种既流畅又强健敏捷的美感。健美操的力还表现在音乐的强劲有力、旋律优美上，它能在短暂的时间里烘托气氛和调动人们的激情，与刚劲有力的动作结合，能充分展现健美操的力与美，使人激情洋溢、活力无穷。所以，健美操表现出的力量也是较高层次上的美感形式。

4. 强烈的节奏性

健美操动作具有强烈的节奏性特点，并通过音乐充分地表现出来。因此，音乐是健美操的灵魂。健美操音乐多取材于迪斯科、爵士、摇滚等现代音乐和具有上述特点的民族乐曲，其特点是与动作协调一致，节奏强劲有力，旋律优美，风格热烈奔放，具有烘托气氛、激发人们情绪的效应，能使练习者充分发挥自己的想象力，尽情展现身体运动的艺术美，从而达到调节情绪、消除疲劳、陶冶情操和提高协调性、节奏感、韵律感和表现力的目的。健美操运动之所以深受人们的喜爱，除练习本身的功效性、动作的时代感外，很重要的因素之一是现代音乐给健美操带来的活力。健美操运动与音乐的鲜明强烈的节奏性使健美操练习具有极大的感染力，健美操比赛和表演更具有观赏性。

5. 广泛的群众性

健美操是一项富有趣味性的运动，是时代前进的产物。它给人们带来了热情奔放的情感体验，符合现代人追求健康与健美、自娱自乐的需要，因而深受广大群众的喜爱。健美操尤其是健身健美操练习形式多种多样，简单易学，运动负荷和难度可以自我调节，不同年龄层次、不同性别、不同身体素质、不同技术水平和不同个性气质的人都可以酌情选择参加锻炼，各种人群都能从健美操练习中找到适合自己的练习方式，通过训练增强体质，弥补自身的某些不足，并且还可以从中获得乐趣。

此外，由于健美操运动可以利用徒手或依靠自控力进行练习，可以利用各种简单的轻重器械进行练习，还可以采用一些自制的器械乃至简单的家具进行锻炼，并且不受气候的影响，不受时间、场地、器械和室内外环境的限制，比较容易开展。因此，健美操具有广泛的群众性。

## 二、高校健美操教学

### （一）高校健美操教学的作用

1. 在深化体育教学改革中的作用

健美操作为高校体育教学的重要内容，是体育教育改革的重要举措。健美操运动处处表现出"健、力、美"的特征，包含着高度的艺术性因素，使健美操不同于其他运动项目，符合现代人追求健康与健美的需要。正是这个原因，人们把健美操引入高校体育课程中，不仅为高校体育增添了新的内容，注入新的活力，还改变了传统的学校体育教学模式，改善和活跃了体育课堂气氛，能充分满足当代大学生的生理、心理需求，引导学生积极参加体育锻炼。特别是女大学生追求美的心理，形体美、曲线美、姿态美、气质美、健康美成为她们体育锻炼的首选目标，而健美操动作新颖多变，轻松活泼，富有时代感、节奏感和韵律感，又简单易学、安全可靠，既能有效地塑体减脂、改善形体，又能满足她们爱美的需求、陶冶身心，所以受到女大学生的青睐，激发她们主动积极参与健美操运动。学生学习的积极性、主动性是体育教育达成教学目标的关键因素。

## 2. 在培养学生全面发展方面的作用

健美操横跨体育、文艺和教育三大领域，集体操、舞蹈、音乐、美学为一体，是一门培养大学生全面发展的课程。有计划、有目的地开展健美操教学和实践锻炼，主要作用包括：①发展人体各器官系统的生理功能，发展学生的力量、速度、耐力、柔韧、灵敏等身体素质，增强体质，增进健康。②可培养学生的良好身体姿态，塑造健美形体，陶冶情操，净化心灵，进一步展示当代大学生的健康美和时代美。③可以培养大学生多方面能力，如体育运动能力、终身体育能力、学习能力、组织能力、竞争力、表现力，特别是审美、创造美的能力等。因此，健美操是目前全面发展身体素质、增进健康美和培养学生多方面能力较为理想的体育运动。

## 3. 在大学校园文化建设中的作用

大学校园文化是一个多层次、立体化的有机整体，校园体育文化则是这个整体的重要组成部分。健美操以其所具有的体育功能、艺术功能和教育功能而成为校园体育文化的重要内容之一，给大学校园注入了新的活力。课外健美操运动的开展，不但与学校体育教育相辅相成，全面增强大学生体质，而且引导大学生追求健康美，使人积极向上，朝气蓬勃，提高了休闲娱乐活动的文化品位。同时，还可以拓宽学生的知识和思维视野，最终达到培养创造精神，丰富课余文化和促进德、智、体、美全面发展的目的。

## （二）高校健美操教学的方法

"健美操是一种卓有成效的锻炼方法，它以丰富的内容及多样的组织形式受到广大学生的青睐，也使得健美操运动快速走进校园。健美操运动不仅提高了学生乐感理解能力、锻炼身体能力，还能提升学生审美鉴赏能力。"[①] 健美操教学方法是指在健美操教学中，教师为了完成健美操教学任务、提高教学质量所采用的措施和方法。教学方法是根据教学内容、任务及学生的特点等来选用的，所以说健美操教学方法的使用合理与否是教师完成教学任务，学生掌握动作技术、技能的前提和保证。

### 1. 记忆法

记忆法是为使学生尽快地掌握学习内容、熟记动作而经常采用的教学方法。

（1）念动法。念动练习是指学生有意识地、系统地在脑海中重复、再现已形成的动作表象，熟练和加深动作印象的记忆方法。

（2）观察模仿法。观察模仿法是指分成小组进行教学，一组做练习，一组观察练习并随其做模仿练习，以加深记忆，熟练动作。观察模仿练习有助于帮助学生建立和巩固正确动作。

---

① 郝清秀．健美操教学方法初探［J］．牡丹江教育学院学报，2015（9）：112．

（3）简图强化法。简图强化法是指布置课后作业，让学生把所学动作的名称、动作做法，逐拍用简图表示出来。在画简图的过程中，学生对动作的名称、顺序、要领、步骤等在脑海中进行重复、再现、模仿、分析，这样可强化记忆，加速学习动作的过程，形成较牢固的动作定型。运用简图强化法，能节省体力消耗，提高教学质量，熟练成套动作，改进动作技能，提高动作协调性和运动感觉能力。

2. 手势提示法

手势是身体语言的一种，它是在健美操教学中，教师运用各种手势指导学生完成练习的方法。其特点是直观、简单、明了，有利于学生连贯完成动作。手势提示方法主要用于成套操和一段操的复习及巩固阶段。通过手势引导，提示学生按顺序、方向、要点完成动作，保证学生能将整套操连贯、完整地完成。

运用手势提示法时应注意以下三点：

（1）在健美操教学中，教师手势的运用要果断，要有明确的目的性，做出什么样的手势，应做到心中有数。

（2）教师运用手势时，要注意时机和效果，也就是说，在上一个动作没结束之前，即7～8拍时就应将下一个动作的要点、方向及时地用手势提示出来，帮助学生准确地完成动作。

（3）教师要掌握学生完成动作的情况，在容易出现问题的地方提前向学生进行正确的引导，如击掌或口头提示，引起学生注意，然后给予手势提示。

3. 示范讲解法

一般来说，为提高示范讲解运用的效果，采用一边示范、一边讲解的方法效果最好。但根据实际情况，在运用时也有所不同。

（1）只示范、不讲解。如果学生有一定基础，动作又比较简单，可只示范，提出要求即可，不必讲明。

（2）只讲解、不示范，或先讲解、后示范。如果为了培养学生的独立思考能力，加深对动作的理解，亦可只讲解、不示范，或先讲解、后示范。

（3）先示范、后讲解。如果动作比较复杂，应首先让学生建立起正确动作的表象，然后再讲解。

（4）一边慢动作示范、一边讲解。如果是对初学者，学习比较复杂或较困难的动作时，可采用边慢示范、边讲要求、边让学生跟着模仿的方法。

4. 激情法

激情法即是用直观的教学手段，激发学生学习情绪的一种方法。在健美操教学中常常采用以下两种方法：

（1）音乐激情法。在教学开始时，教师选择优美、动听的音乐让学生们听，同时讲解音乐，引导学生去欣赏音乐，了解音乐的风格，掌握音乐的节奏、速度和节拍，使学生能理解音乐的特点，丰富对音乐的感受。

（2）健美激情法。教师在教学前，先在音乐的伴奏下，用优美大方、充满活力的动作把教学的内容或动作完整地示范给学生，给学生以美的享受，激发学生的学习热情。通过听和看，在学生脑海中对动作产生一个完整的印象，并有一种渴望学习并掌握动作技术的心理，这时再有顺序地进行教学，效果最佳。

**5. 口令提示法**

口令提示法是指为了使学生更好地完成练习、活跃课堂气氛，在健美操教学中，加入一些具有调动性、提示性、警告性口令的方法。

运用口令提示法时，应注意以下两点：

（1）口令要有号召性和鼓励性。教师生动的、带有鼓励性的口令，可以活跃课堂气氛，调动学生情绪，使学生在愉快、轻松的环境下学习健美操，能激励学生学习的自信心。

（2）口令要与音乐节奏相吻合，要与音乐的韵律、节奏相一致。在健美操教学中，教师口令的音量、语调的轻重要适宜，恰到好处，不适宜的口令会削减学生学习的情绪和效果。

**6. 串联教学法**

串联教学法是一种与国际化健美操教学接轨的教学方法，即把所要教的内容分成若干串，每一串为四个八拍，首先教第一串动作。其方法是，先教第一个八拍动作，掌握后再教第二个八拍的动作，然后把第一、第二个八拍动作连起来反复练习。再教第三个八拍，掌握后教第四个八拍。第三、第四个八拍动作连起来反复练习。最后再把第一至第四个八拍串联起来反复练习，直到所有的教学内容串联起来练习。

运用串联教学法时，应注意以下三点：

（1）运用串联教学法时，应保证从课程开始到结束身体始终处于"动"的状态（脚始终在运动），否则就失去了串联教学法的意义了。

（2）运用串联教学法时，选择的音乐最好是连奏或剪接成连奏的，这样便于教学的流畅、顺通，有利于练习者连续不断地锻炼，以达到良好的健身目的。

（3）为了保证健美操教学的顺利进行，在选用串联法进行教学时，应根据练习者的运动水平认真准备好每一节课，选编组合好每一串动作，尽量使每一串动作的内容、类型变化新颖，以便调动练习者的兴趣，提高锻炼效果。

7."金字塔"教学法

"金字塔"教学法，顾名思义就是如金字塔般的教学方法，这是一种对单个动作进行重复的教学方法，当然，也可以是减少或逐渐增加的方法。"金字塔"教学法主要分为两种方式：①正金字塔教学法，②倒金字塔教学法。前者是不断增加重复动作的次数，并配合实际的音节进行很轻松的动作练习。后者与前者恰好相反，是以不断减少动作的重复次数，并同时增加动作的复杂程度，以此来进行健美操练习。对于"金字塔"教学法而言，它具有其他教学方法没有的优势，它更加注重动作和身体姿态的统一，技术和强度的不断加强，是一种极为特别且简单的健美操教学法。

8.分解变化教学法

分解变化教学法也是相对容易理解的教学方法，这种方法的重点就是化难为易。也就是说，在实际的健美操教学中，将比较复杂的动作进行相对简化，分解成一套简单的动作。教师对简单的动作进行分析和教授，学生在整个学习过程也会觉得轻松。化难为易并非完全地放弃原有的动作，只是整理出最基础的动作体系，进行在每个简单动作的基础上逐渐增加动作的变化量，以此来实现复杂动作效率的最大化。健美操教学动作由繁入简，不仅能够提高学生的学习自信和兴趣，还能够给整个教学过程带来非凡的效益。这种教学方法很大程度上成为教师的"新宠"之作。

9.层层变化教学法

层层变化教学法与分解变化教学法有一定的相似处，都是动作分解化的一种。但是层层变化教学法是建立在学会动作组合之后，通过实际的应用，逐渐增加变化动作。每次的改变也只是点滴，长期积累后的所得，就是整个动作组合的完全的掌握。这种方法逐渐将简单的动作，通过自身摸索和教学掌握，将其进化成熟练掌握的复杂动作组合，并从中获得学习的经验和心得，真正实现健美操练习水平的提高。

10.递加教学法

递加教学法主要是指在下一步的动作完成后，与上一步动作或组合的结合性练习的方法。这种方法可以保证温故知新的练习效果。在递加教学法的实际操作中，可安排学生多次学习和练习所学动作，帮助学生提高学习兴致，增加成就感。与此同时，可不断地融入一些新的动作元素，以此刺激学生的大脑新鲜感，增加新旧动作的重复频率和密度，进而潜移默化地提高学生运动效果，实现身体素质水平的提高。当然，在动作练习中，为避免练习的枯燥，可以适当地加入音乐，配合动作的完美性，进而在不知不觉中加强学生对音乐节奏的把握，动作力度和舞步表现力也会随之日趋完善。递加教学法在实际的教学中，我们需要注意对以下三方面的掌控：

（1）组合动作的选择切忌过长，控制在3~4个最佳，以免影响学生对动作清晰记忆。

（2）组合间的衔接要显得自然，不要过分生硬，以免给练习中的学生造成不适应的反应，影响学生的运动思绪。

（3）最好采用分解练习，上肢和下肢练习要有主次之分，最终实现协调完成。这种教学方法的存在，对于某一种或某一阶段动作的加强大有裨益。

11. 接力教学法

接力教学法具有一定的独特性，主要是在学生健美操练习过程中，小组间进行接力练习，对动作娴熟、音乐节拍准确的小组进行相应的奖励和表扬。这种具有一定竞争性的教学方法十分有效，能够激发学生的参与和竞争欲望，属于一种间接性的教学引导。在小组竞赛性质的动作练习中，学生们的注意力会高度集中，不仅能听准音乐，还能熟记节拍和动作，获得整个健美教学的综合性练习。这种教学方法能够带动学生的竞争意识，活跃课堂气氛，提高他们集体荣誉感的同时，强化他们自身的运动水平。

12. 动态分组教学法

动态分组教学法是一种健美操教学中的两大教学主体间的一种和谐互动。也就是说，在实际教学中，教师可以给予必要的讲解和示范，达到预定的效果后，进行目的性的引导，安排学生进行不同程度的分组练习和示范。教师则主要负责整个过程的纠错和评说部分，总规划就是教师示范、讲解—学生领悟、跟练，当然中间伴随着适宜的音乐，整个教学过程可以是静静的，也可以是伴随乐声的，通常都是各种效果都要来一遍，进而带入学生进入一种练习的状态，不知不觉中掌握动作的精髓和要点。动态分组教学法能够激发学生的主体参与意识，实现教师的主导价值和学生主体作用，师生共同在健美操教学中实现教学水平和质量的提高。这对于整个教学的参与者来说都是难得有趣的体验。

# 第二节 高校健美操课程内容体系构建的应然性分析

## 一、课程内容体系构建的价值导向

第一，社会发展推动健美操课程内容改革——外部动力。由于大学生体育素养与健康意识的逐渐提高，高校开设的公共体育课程面临着更大的挑战。健美操课程在增强学生体质、提高审美品位、塑造形体等方面有着重要作用，能够满足学生健身、健心、娱乐等多方面的需求，是大学体育课程的一个重要组成部分。

然而，当前普通高校开设的高校体育健美操课程还存在课程体系不完善、课程内容设置不全面、课程学时不足等问题，不仅降低了课程质量，制约了健美操课程的发展，同时也削弱了学生的积极性，无法实现对学生终身体育意识的培养。因此，为深入探究公共体育健美操课程所存在的问题和弊端，将对湖北省普通高校的高校体育健美操课程开设情况、课程的具体内容和学时情况等方面进行调查。

第二，健美操学科知识的演变促进课程内容的重新整合——内在动力。原有的单一健美操形式已无法满足人们对人体美与艺术美的不断追求，健身健美操因拉丁、街舞、瑜伽、搏击、普拉提等多种运动形式的引入而变得缤纷多样。从健美操的发展变化来看，健美操已经形成了一个以健美操本源为根基，健身、竞技为分支，健美操知识内容为枝叶的大型树式结构，不断细化的知识与逐渐庞杂的内容让健美操从简单的单个有氧操形式发展成为多种形式并存的独立学科知识体系。而由于健美操中融入的多种艺术元素在练习形式、本体来源、运动理念等方面与健美操有本质差别，易相互干扰并造成概念混淆，不利于各自的稳定、持续发展，因此，对健美操的知识体系进行分类、整合，使健美操的课程内容更加规范化、系统化是十分有必要的。

第三，学生的动机和需求使得健美操课程内容改革——必然要求。学生作为公共体育健美操课程的主体和教学对象，限制着公共体育健美操课程内容。一方面，学生的动机水平影响着课程内容的可行性；另一方面，课程内容的设置也应关注学生的兴趣与需求。动机是影响学生选择公共体育健美操课程的内在动力和原始动力，既是影响他们选择这门课程的直接原因和目的，也是推动他们在这门课程中深入发展的驱动力。学生的兴趣与需求是影响健美操课程内容选择的重要因素，也是影响他们长远地进行相关学习的直接因素，不能调动学生积极性、满足学生需求的课程内容无法对学生的学习和生活产生长久而有效的影响，它们终将被淘汰。

高校学生对健美课程的需要是全面的、有层次的和具体的。学校方面，应该鼓励每个学生就自己的特长和个性最好地发展自己，并尽可能地从教学管理上、教学形式和教学活动的组织上为发展学生的个性创造条件。但实际上，高校体育健美操课程内容往往是课程设计者们预先安排好的，学生往往没有选择的余地，不能突破课程所预先设置好的内容。随着当前素质教育的全面推进，培养学生的创新能力成为课程改革的主旋律，学生对课程内容的需要日益受到重视。因此，在课程改革尊重学生的主体意识，呼唤学生的个性发展，提高学生创新能力的发展趋势下，考虑学生的要求是课程内容改革的必然要求。

## 二、高校体育健美操教学课程内容体系构建的理论基础和依据

正确把握高校体育健美操教学课程内容体系中各种基本关系和规律的关键是有科学

的理论观，高校体育健美操教学课程教学内容体系的理论基础决定着课程内容的价值取向，并为课程内容体系的构建提供方法论指导。

## （一）系统论

系统，是指具有特定规律和功能的整体，是由若干相互联系和相互作用的要素构成的，是有机统一不可分割的整体。普通高校高校体育健美操教学课程内容体系可以看作一个由不同功能的课程内容构成的系统，系统的每一个元素都是一类课程内容，通过相互联系和作用，构成了完整的高校体育健美操教学课程内容体系。

所以在构建整个高校体育健美操教学课程内容体系时必须充分运用系统论的思想和方法，进行切实合理的协调，最终实现内容体系的优化发展。因此，系统论为普通高校高校体育健美操教学课程内容体系的构建研究提供了方法论依据。

## （二）教学过程最优化

最优化理论指出，教学内容的优化就是在每一个具体的教学内容设计时一定要与教学中教养、教育和发展三方面的任务相符；突出教学内容中的本质因素，从而节约教学时间、减少学生压力；同时要注意协调相邻学科之间的联系，避免教学重复；还要根据不同班级、学生间的差异，在规定的时间内安排不同分量的学习内容等。因此，在选择高校体育健美操教学课程内容时既要考虑巩固学生的基础能力，满足未来生活发展的需要，也要凸显高校体育健美操教学课程内容的价值，吸收最新成果，关注改革进展，增加课程的实用性和延续性。

## （三）分层教学理论

随着新兴课程改革的不断推进，分层教学理论开始广泛应用于各学科。分层教学针对学生个体差异进行因材施教，实现所有学生在已有基础上进一步提高和发展的目的。因此，体育分层教学是依据同一个行政班级的学生不同的身心发展水平，将其客观地分成几个层次，针对不同层次学生的特征设定不同层次的教学目标，并安排与之相应的教学内容，采取多样的教学方法手段、环节、评价，帮助不同层次的学生在自身的基础上都有一定的提高。将高校体育健美操教学课程内容体系建立在分层教学理论之上，尊重学生的个体差异性，注重学生的个性、兴趣与需求，科学地选择合适的课程内容，从而使学生的整体水平得以提升。

总之，确立高校体育健美操教学课程内容体系是一个复杂的过程，需要多方面的理论依据支撑。正是有了这些基础理论的支撑，才能确立科学准确的高校体育健美操教学课程内容，从而促进高校体育健美操教学课程发展。

## 三、高校体育健美操教学课程内容体系构建的原则

高校健美操教学课程内容体系建构原则是建构课程内容体系时必须遵守的最基本准则和必不可少的重要环节，无论是选择还是组织课程内容，都要依据一定的原则。

### （一）实践性与综合性相结合原则

在高体育校公共体育健美操课程内容体系构建的过程中，既要突出实践性，同时也要体现综合性，其中综合性包括知识性、文化性等。因体育课程的本质属性所决定，高校意图健美操教学课程是一种以技术教学为主要内容的实践性活动，其体系的构建首先要结合教学的实践性与知识性，在实践活动中结合知识的传授、体质的增强、品格的培养、情意的养成等；其次，要结合教育实践性与文化性，丰富课程内容文化内涵，有利于树立学生对健美操的正确认识，培养正确体育价值观和体育道德，并具有良好的健身价值。

### （二）整体性和衔接性相结合原则

整体性和衔接性相结合原则是指在构建高校体育健美操教学课程内容体系时，将公共体育健美操课程作为一个整体，对课程内容进行合理的选择和有序的组织安排，同时要考虑运动项目所包含的知识内容在不同阶段的衔接。公共体育健美操课程的衔接性不仅是指不同阶段内容的衔接，也是指与高中阶段健美操课程内容的衔接或者是与学生原有基础的衔接。因此，高校体育健美操教学课程内容的选择和内容体系的构建应建立在中学体育课程体系和学生的运动基础上，减少无效重复的内容，实现大中小学体育课程一体化改革，培养学生终身体育的意识和习惯。

### （三）科学性与实用性相结合原则

科学性原则要求高校体育健美操教学课程内容自身有序可循，动作速度由慢到快，动作做法由易到难。科学性是指高校体育健美操教学课程内容体系的构建应以课程目标为主要依据，遵循客观规律性，满足社会发展的需要，适应学科的发展，符合学科本身知识逻辑结构。实用性原则一方面是要求在现行高校体育健美操教学课程内容体系中，根据学生身心特点和知识水平来合理安排课程内容，强调课程内容的实用性和趣味性，便于学生自学和乐学；另一方面是选择对学生未来生活具有实际意义的课程内容，使学生能够快速适应社会生活，为自身的社会体育活动提供有效的帮助和指导。

### (四)统一性与灵活性相结合原则

高校体育健美操教学课程内容体系不仅要在内容设置方面与课程标准保持一致,以便体育教师执行教学;还要面向全体学生,有一个基本的要求和相对统一的标准,为健美操课程设立一个比较规范的目标。当今教育发展的重要特点之一是扩大学校自主办学的权利,课程实行国家、地方、学校三级管理制度,因此高校体育健美操教学课程内容体系的设计必须考虑地域环境、学校设施配备和学生身心状况、运动基础、接受能力等各方面的差异,各地各校可以自由地选择课程内容,具有灵活性的特点。只有结合统一性和灵活性进行内容体系的构建,才能最大限度地提高不同地区、不同类型学校、不同情况的所有学生身心全面发展。

### (五)继承性和发展性相结合原则

随着社会的需要、课程改革的变化,大学体育课也处在不断变化中,因此,继承性和发展性的原则是在公共体育健美操课程内容体系构建的时候必须考虑的原则之一。正如不同的社会需要和课程改革是一定历史阶段的产物,公共体育健美操课程也是某一时期的产物,有的课程内容如基础的原理性知识和具有民族文化特色的操舞动作等,都是优秀传统文化的传承,是亘古不变的,一直保持着继承性的特点,应该遵循继承性原则。发展性原则是指另外一些例如时尚操舞类动作的内容是融入不同风格的元素,是不断发生变化的,是要与时代和课程改革的需要而发生变化。

总之,构建高校体育健美操教学课程内容体系,要进行全方位、多角度的考虑,从课程目标、学科发展的现状、学生的动机和需求等方面出发,这样才能保证课程内容的科学性、实用性、时代性、创新性。

## 第三节 高校体育健美操教学的现状与对策

### 一、高校体育健美操教学现状分析

#### (一)教学环境问题

对于高校体育健美操教学而言,教学环境、教学条件等都十分重要,其与高校教育水平存在密切的联系。而今,很多高校都基本实现现代化,且在教学中应用了大量的电子设备与信息化平台，如中央空调、多媒体技术等，为教学提供了现代化条件，能大大提高教学质量。在体育设施应用上，高校建设水平不断提高，设置了标准化操场、体育馆、游泳池与练舞室等，学生可根据自己的兴趣爱好选择相应的专业与场所进行学习、训练。然而，尽管高校已经设置了多种运动项目与兴趣室，但是相关的健身器材与设备比较落后，且并未设健身房，无法满足大学生的基本需求，加之一些训练基地大都是水泥制的地面，且未铺设地毯，如若学生不慎跌倒，会对其身体造成一定的伤害，也成为教学中需要关注的一项重要问题。

### （二）教学方法问题

对于健身操教学而言，课堂教学方法的选择很关键，选择合理的教学模式来开展健美操教学，是提高教学质量的重要途径。一般情况下，高校阶段的健美操属于入门阶段，必须选择合适的教学方法来对健美操类型、特征、基本规则与音乐素材的选择等予以了解，进而对学生进行指导。但是，在具体的实践教学之中，很多高校仅仅制定固定而简单的几套教学方法，使得教学内容变得单调。

### （三）师资力量问题

在高校师资方面，教育部提出，教师应为研究生及以上的学历，然而据统计，在普通高校的健美操教师团队中，健美操团队的整体师资力量严重不足，无法满足教育部所下达的具体要求。在实施健美操教学时，健美操的类型属于大众化，拉丁舞、街舞以及恰恰舞等的教学与指导程度很小。

### （四）教学考核问题

伴随着素质教育的不断提出，教学工作的开展旨在提升大学生综合素质。然而，在实际教学中，大量高校未能脱离传统应试型的教育模式。为检验学生的健美操教学成果，必须加强对健美操教学的科学性考核，传统的考核方式都是教师教授1~2套的健美操动作，且相应的考试内容也都是围绕着这些熟悉的动作，运用此种方式，使得考核方式缺乏人性化，影响着学生素质的全面提升。此外，很多教师对健美操教学的重要性认知不足，都是随意编排与考核，使得教师在教学上也就更为轻松，让学生觉得健美操学习可有可无。

## 二、高校健美操教学的基本对策

### （一）积极优化教学条件

为不断提高高校健美操教学质量，必须充分优化与完善当前的教学条件，这就需要引起高校相关人员的重视，才能从思想与意识到给予高度重视，以求为健美操教学提供重要的教学条件。健美操是一种新兴的体育项目，为满足健美操教学需求，必须加强相关基础设施与配套设施的建设，只有准备足够的基础设施，才能提高学生参与健美操训练的积极性。高校的舞蹈室、多媒体、地毯与栏杆等相对缺失，学生在开展健美操训练时，会涉及大量的弹跳性动作，此类动作极易发生意外。为了安全起见，学校必须在训练场地表面铺设柔软的地毯材料，加大在基础设施建设上的投入，既能调动学生参与健美操训练的积极性，还能保证学生的身体安全，进而满足学生在健美操训练时的基本需求。

### （二）创新教学内容与模式

为实现高校健美操教学质量的不断提高，必须保证教学内容的丰富性，打造更为完善、创新与个性化的教学方式，借助多种教学方法来调动学生参与健美操训练的积极性。为了满足学生的新需求，教师要适度增设健美操的训练套路，选择热门、潮流的舞蹈，如街舞、拉丁舞、瑜伽等，对健美操教学内容进行丰富处理，继而满足学生在健美操上的基本需要。同时，还要改变以往健美操只适合于女性的观点，增设一些具有阳刚性特征的健美操套路，将搏击、轻器械操等融合到健美操的基本动作之中，这样也会调动男生学习健美操的积极性，只有产生兴趣，才能实现教学质量的不断提高。为提高高校健美操教学效果，应及时完善与变革传统纯理论、灌输式的教学模式，掌握多样化教学方法，这样才可调动与激发学生参与健美操训练的基本兴趣，产生学习的主动性。

为此，可将多媒体教学、录像、小组合作学习、竞赛式教学等渗透其中，让学生在愉快的氛围内实现学习，这是提高健美操教学质量的关键途径。还可借助多媒体系统中的录像设备，借助录像设备将教师教学与学生练习过程进行记录，然后让学生观察录像资料，观察自己的表现，以便让学生了解到自己的不足，便于后续在训练中端正身姿，是提高教学质量的有效方式。

### （三）加强师资团队建设

为满足高校健美操教学的基本要求，必须具备专业性、资质过关的师资团队，为健美操教学的开展提供基本的师资力量需求，这是提高健美操教学质量的重要前提。对此，健美操教师应及时更新教学理念，及时将最新的教学理念、健美操观点等融入教学之中。能掌握最新、最为实效性的教学手段，是对教师的基本要求。此外，为严格规范教师的资格，高校必须制定规范性的教师准入机制，严格要求教师的基本学历，以保证整体师资水平的不断提升。高校还要定期组织教师开展进修、培训等，以补充教师基本专业素养，利于提高健美操教学质量。

为顺应时代的发展需求，为各个行业提供所需的人才资源，必须加强对高校健美操教学的重视，发挥好健美操的重要价值，利用健美操来增强大学生心理素质与身体健康，这对于大学生的成长意义深远。然而，就目前高校健美操教学现状来看，还存在诸多的问题，制约着健美操教学开展的实效性。为应对当前问题，必须重视健美操的基础设施建设，打造更为专业化的师资团队，丰富与创新教学内容和教学模式，同时，还要创新与优化教学考核模式，进一步提升健美操教学水平。

# 第四章 高校健美操教学的内容与实施

## 第一节 高校健美操教学的基本动作与技术

### 一、高校健美操教学的基本动作

"健美操作为高校体育运动项目的重要构成，始终在培养大学生运动能力及提升大学生体能素质方面发挥重要作用。"[①] 健美操属于运动的一种，主要由人的身体来完成不同的动作，主要依靠的就是人的躯干和四肢。学习健美操首先要掌握基本技术、动作要领，然后进一步了解大众健美操套路的特点和风格，在课堂教学中，健美操教学有其独特的方法。在教学环节实施过程中，应注重实施科学、合理的健美操教学方法。因此，对健美操教学的提高是十分必要和重要的。

#### （一）无冲击力步法

无力冲击步法具体指的是人体的双脚始终和地面接触，仅仅是为了支撑身体，身体重心在两脚之间，无腾空动作，主要包括并腿和分腿两大类动作。

1. 并腿类动作

并腿类动作是指两腿始终接触地面，并且两脚始终并拢，脚尖朝前。技术要点是膝关节要有弹性地屈伸，把握好弹动的技术。

（1）弹动。

弹动动作描述：膝关节有弹性地屈伸。

弹动技术要点：两膝与踝关节自然屈伸。

第一，膝弹动。两腿并拢，膝关节有弹性地屈伸。

膝弹动技术要点：膝关节由弯曲到还原，还原时膝关节应处于微屈状态。

第二，踝弹动。两腿伸直或屈膝，踝关节有弹性地屈伸。

---

[①] 王雨洁. 形体训练在高校健美操运动中的运用研究 [J]. 鄂州大学学报，2023，30（1）：94.

踝弹动技术要点：脚尖或脚跟抬起时，保持身体的稳定性和踝关节的弹性。

（2）提踵。双脚的脚后跟微微抬起，脚跟落下时膝盖要微微弯曲。

提踵技术要点：双腿要始终处于并拢的状态，重心上提时身体的腹部要绷紧，重心落下时用膝盖弯曲的方式来缓冲作用力。

2. 分腿类动作

分腿类动作是指两腿分开，膝关节有弹性地屈伸。技术要点是膝关节屈伸要有较好的弹性，重心移动要平稳自如。

（1）半蹲。双腿始终处于分开或者并拢的状态，然后用力量控制膝盖弯曲的程度，一般有两种方式：①并腿半蹲。②分腿半蹲。

半蹲技术要点：如果连续分腿半蹲，那么双腿之间分开的距离要稍微大于双肩的距离，同时脚尖要稍微向外展开。半蹲时，膝关节弯曲的角度要大于90°，臀部向下移动45°，同时上半身要一直保持竖直。

半蹲动作变化：并腿半蹲、迈步半蹲、迈步转体半蹲、小分腿半蹲、大分腿半蹲。

（2）弓步。双腿按一前一后的姿势分开，上身保持直立，缓慢下蹲。

弓步技术要点：保持重心在两脚之间，后退的膝关节向下运动保持大腿与地面垂直。前腿顺着后腿的变化而弯曲，前腿中的大腿和小腿的角度要大于90°。

弓步动作变化：弓步一般有原地前后、左右、转体弓步，还有上步弓步、后撤弓步、侧向弓步。

（3）移动重心。以两腿开立为初始动作，两腿屈膝下蹲之后，身体向右侧移动重心，然后两腿伸直，右脚全脚掌着地，右腿脚尖点地。

移动重心技术要点：身体重心的移动要保持平稳。

移动重心动作变化：左右移重心、前后移重心。

## （二）低冲击力步法

低冲击力步法是指在做动作时始终有一只脚接触地面，根据它的完成形式可以分为以下四类：

1. 踏步类动作

踏步是人们比较熟悉的一种步法，具体动作是双脚依次抬起然后下落，在两脚落下时，膝关节和踝关节都会起到一定的缓冲作用。技术要点是始终有一只脚着地，膝盖始终朝正前方，同时注意膝关节和踝关节的缓冲作用。踏步过程中，身体上身也可以跟着动作变化有一定的起伏。

（1）踏步。双腿按节奏依次抬起和落下，分为向前、后、左、右等不同方向。

踏步技术要点：双脚落地时，首先是脚尖着地，然后脚后跟顺势着地。腿部和脚部关节起到相应的缓冲作用，同时双臂自然地摆动。

踏步动作变化：常用的踏步分为踏步转体、踏步分腿、踏步并腿、弹动踏步。

（2）走步。踏步移动身体，迈步向前走时脚跟先落地，过渡到全脚掌；向后走时则相反。

走步技术要点：与踏步类似，双脚着地时，腿部和脚部关节有弹性地缓冲。

走步动作变化：走步一般有前、后、侧前、侧后、左右转体或者弧线等。

（3）一字步。一字步指的就是双脚前后运动，其运动轨迹成一字，运动时，一只脚向前迈一步，另一只脚顺势与前一只脚并齐，然后再依次回到原来的位置，也称前前后后。

一字步技术要点：一只脚迈步时先是脚跟着地，然后脚掌顺势着地。前后过程中都要有并腿动作，同时腿部和脚部关节起到相应的缓冲作用。

一字步动作变化：一般有前后一字步和转体一字步。

（4）V字步。V字部指的就是从双脚按字母V的形状运动，一只脚向左前侧方迈一步，另一只脚向右前侧方迈一步，使双腿分开然后膝盖稍微弯曲，然后双脚再依次回到原地。这种步法也被称作大字步。

V字步技术要点：双脚的着地点应当在同一条与自己躯干所在的平面平行的直线上，然后两脚之间的距离要大于双肩的宽度，分开后成分腿半蹲，重心在两腿之间，然后依次收回，两膝自然弯曲，膝、踝关节始终保持弹动状态。

V字步动作变化：倒V字步、转体V字步。

（5）曼步。一种是一只脚先向前迈出，同时向前转移，然后另一只脚稍微抬起并且离地，之后在原地落下；另一种是一只脚向后撤一步，同时重心随之转移，然后另一只脚稍微抬起，之后在原地落下。

曼步技术要点：两只脚的落地是交替进行的，同时身体的重心随着步法的变化而移动，但是始终保持在两脚之间。

曼步动作变化：曼步一般有两种，一种是转体的曼步，另一种是跳跃的曼步。

（6）恰恰步。一只脚向前迈一步，后半拍另一只脚在前脚后方快速跟进一步或跳起并步，然后前脚再向前迈一步。

恰恰步技术要点：在2拍节奏中，快速踏步3次。注意节奏的掌握，第一拍两动，第二拍一动。通常和曼步连用。

恰恰步动作变化：向前、向后、向侧的恰恰步。

2.点地类动作

点地类的动作要保持膝盖弹性有力，要求一条退伸直、一条腿弯曲。技术要点是运动过程中，膝盖承受的力量比较大，因此，膝盖要有一定的力度。虽然要求一条腿伸直，但是不可过于用力，可以使膝盖保持一定程度的弯曲，这样更有健美操的特点。

（1）脚尖点地。一条腿的膝盖微屈站立，另一条腿则使用脚尖点地，然后双腿并拢，保持直立。

脚尖点地技术要点：用来支撑身体重力的腿的膝盖要保持一定程度的弯曲，同时随着动作的变化屈伸，使动作看起来有弹性。

脚尖点地动作变化：脚尖前点地；脚尖侧点地；脚尖后点地。

（2）脚跟点地。一条腿的膝盖稍微弯曲，另一条腿向前或者向后伸出然后用脚跟着地，之后双腿并拢。

脚跟点地技术要点：用来支撑身体重量的腿的膝盖要保持应有的弯曲，使身体保持直立，并且膝盖有一定节奏的屈伸，使动作显得富有弹性。

脚跟点地动作变化：脚跟前点地；脚跟侧点地。

3.迈步类动作

迈步类的动作就是一条腿迈出一步，将重心转移到迈出的腿上；另一条腿用脚跟或者脚尖着地，也可以吸腿或者踢腿向另一个方向迈步。技术要点是重心要随着双腿的移动随时变化。

（1）并步。一条腿迈出，另一条腿顺势与之并拢，过程中有屈膝的动作，然后再向相反的方向迈步。

并步技术要点：一脚并于另一脚，重心要随之移动，双腿的膝关节要起到缓冲的作用，保持一定的弹性。

并步动作变化：并步一般有左右、前后、两侧和转体四种不同形式的并步。

（2）迈步点地。先是一条腿向侧面迈出一步，身体重心随着膝关节的弯曲而转移，另一条腿可以在前、后、侧等不同方向用脚跟或者脚尖着地。

迈步点地技术要点：双膝要保持一定的弹性，上身不要随着腿的移动而扭转，身体重心应随着腿的移动呈弧形。

迈步点地动作变化：左右迈步点地；前后迈步点地；迈步转体点地。

（3）迈步后屈腿。一条腿迈出一步，然后另一条腿的膝盖弯曲使小腿抬起，之后两腿交换动作，向相反的方向重复先前的动作。

迈步后屈腿技术要点：运动中有半蹲和屈膝动作，其中用作支撑的腿的膝盖稍微弯曲，后屈腿的脚跟要尽量与臀部靠近。

迈步后屈腿动作变化：侧迈步后屈腿；前后移动后屈腿；转体后屈腿。

（4）迈步吸腿。一条腿先迈出一步，另一条腿屈膝并且向前抬起，之后双腿交换动作按相反方向重复先前动作。

迈步吸腿技术要点：运动中有屈膝和半蹲的动作，动作还原时用作支撑的腿可微稍为弯曲。

迈步吸腿动作变化：向前迈步吸腿；向侧迈步吸腿；向侧前迈步吸腿；转体的吸腿。

（5）侧交叉步。一条腿向侧面迈出一步，另一条腿在后面与之交叉，然后先前的一条腿再向侧面迈出一步，之后两腿并拢。

侧交叉步技术要点：迈出第一步时身体的重心要随之转移，运动过程中腿部和脚部关节要起到缓冲的作用，保持一定的弹性。

侧交叉步动作变化：左右交叉步；转体交叉步。

4. 抬腿类动作

抬腿就是身体保持直立，一条腿稍微弯曲，另一条腿向上抬起。技术要点是一条腿用来支撑身体的重量，另一条腿做不同形式的抬起动作，同时腰部挺直，收腹。

（1）吸腿。一条腿用来维持身体站立，另一条腿向上抬起然后回落到原地。

吸腿技术要点：躯干挺直。用来支撑身体重量的腿的膝盖稍微弯曲，另一条腿向上抬起至大腿水平的程度，同时脚尖要保持紧绷的状态，小腿自然下垂。

吸腿动作变化：向前吸腿；向侧吸腿；向侧前吸腿；转体的吸腿。

（2）踢腿。一条腿用来维持身体站立，另一条腿则向上抬并快速踢出，之后回到原地。

踢腿技术要点：躯干挺直，用来支撑身体重量的脚要紧紧抓住地面，用作支撑的腿的膝盖要稍微弯曲，踢出的腿的脚尖要紧绷。

踢腿动作变化：前踢；侧踢。

（3）摆腿。一条腿用来维持身体站立，另一条腿则自然摆动，然后双腿并拢。

摆腿技术要点：做摆腿动作时，身体上半身可以顺势向不同方向倾斜。用来支撑身体重量的腿的膝盖可以稍微弯曲，动作幅度要适宜。

摆腿动作变化：向前摆腿；向侧摆腿。

（4）弹踢腿。一条腿用来维持身体站立，另一条腿的小腿先向后弯曲再向下快速踢出，之后双腿并拢。这一动作类似足球中射门的动作。

弹踢腿技术要点：躯干挺直，运动时要控制好力度，尽量使双腿的膝盖靠拢，弹出的腿的脚尖要紧绷。

弹踢腿动作变化：向前弹踢；向侧弹踢；转体弹踢；移动弹踢。

## (三)高冲击力步法

高冲击力步法是指有瞬间两只脚同时离开地面,有腾空的动作。高冲击力步法是由低冲击力步法演变而来,可分为以下四类:

1. 迈步起跳类动作

(1)并步跳。一只脚向前侧迈一步同时跳起,另一只脚迅速并拢成双脚落地。并步跳可以先迈左腿也可以先迈右腿,最终是双腿并拢同时落地。

并步跳技术要点:身体的重心要随着动作的进行而转移,同时双脚落地时腿部和脚部的关节要起到一定的缓冲作用。

并步跳动作变化:向前并步跳;向后并步跳;向侧并步跳。

(2)迈步吸腿跳。一条腿(一般是左腿)向前迈出,然后顺势向上抬起,其中大腿与水平面平行,脚部可以放在另一条腿的膝盖旁边,之后另一条腿跳起。

迈步吸腿跳技术要点:躯干挺直,收腹。

迈步吸腿跳动作变化:向前迈步吸腿;向侧迈步吸腿。

(3)迈步后屈腿跳。一条腿侧迈一步,另一条腿向后屈膝,然后双腿跳起。

迈步后屈腿跳技术要点:在运动过程中,屈膝腿的脚尖要处于绷直的状态,落地时腿部和脚部关节要起到缓冲的作用。

迈步后屈腿跳动作变化:向前迈步后吸腿;向侧迈步后吸腿。

2. 双腿起跳类动作

双腿起跳是指双腿同时起跳,而且同时落地的动作,对跳的高度有一定的要求,落地时要注意缓冲。

(1)并腿跳。双腿处于并拢的状态,双膝同时弯曲然后跳起,之后两脚同时落地。

并腿跳技术要点:双腿的力度要保持均匀,同时落地时要有一定的缓冲。

并腿跳动作变化:向前并腿跳;向后并腿跳;向侧并腿跳。

(2)开合跳。双腿并拢,然后同时起跳,落地时双腿分开,之后保持双腿分开的姿势跳起,最后双腿并拢落地。

开合跳技术要点:双腿呈分开姿势准备起跳时,脚尖方向要自然。双腿并拢落地时,应由脚后跟首先着地。

开合跳动作变化:原地开合跳;转体开合跳。

(3)弓步跳。双腿并拢,然后同时起跳,之后双腿前后分开同时落地,紧接着再起跳,最后双腿并拢落地。

弓步跳技术要点:两次落地都要让腿部和脚部关节起到缓冲的作用,第一次分腿落地时两脚的脚尖要朝正前方，同时落在一条直线上。

弓步跳动作变化：左右弓步跳；前后弓步跳；侧弓步跳。

3. 单腿起跳类动作

单腿起跳指的是先抬起一条腿，然后另一条腿跳起。

（1）吸腿跳。一条腿向上抬起，然后再落下还原，同时另一条腿向上跳起。

吸腿跳技术要点：躯干挺直，用来支撑身体重量的腿的膝盖要有一定程度的弯曲，抬起的腿的大腿要抬到与水平面平行的程度。

吸腿跳动作变化：向前吸腿跳；向侧吸腿跳；向前侧吸腿跳；转体吸腿跳。

（2）屈腿跳。一条腿向后屈膝，另一条腿起跳，之后双腿并拢后双脚同时着地。

屈腿跳技术要点：运动过程中双膝要保持并拢的状态，支撑腿的膝关节要始终有弹性，抬起腿的脚后跟要尽量与臀部靠近，落地时要使用腿部和脚部的关节来作缓冲。

屈腿跳动作变化：左右依次后屈腿跳；转体后屈腿跳。

（3）弹踢腿跳。双腿同时跳起，落地时则是单腿落地支撑身体，一腿经屈膝后向前下方弹直，同时支撑腿跳起。

弹踢腿跳技术要点：躯干挺直，弹踢腿的脚尖要保持绷直的状态。

弹踢腿跳动作变化：向前弹踢腿跳；向侧弹踢腿跳；转体弹踢腿跳；移动弹踢腿跳。

（4）摆腿跳。一条腿自然摆动，另一条腿向上跳起，落地时两腿屈膝作缓冲。

摆腿跳技术要点：保持上体正直，用来支撑身体重量的腿的屈膝程度要始终如一，另外，摆腿动作幅度要适宜。

摆腿跳动作变化：向前摆腿；向侧摆腿。

4. 跑步类动作

跑步类动作是指运动过程中双腿悬空，然后双脚依次落地，同时双臂要屈肘顺势摆动，落地时尽量使脚后跟先着地。

（1）后踢腿跑。双腿依次弹起悬空，一只脚落地，同时另一条腿的小腿后屈，之后落地，然后最先落地的腿的小腿再后屈，再落地，如此往复。在双腿运动之时，双臂也要顺势摆动。

后踢腿跑技术要点：腿部和脚部的关节要有弹性，脚部落地时应当前脚掌先着地。

后踢腿跑动作变化：原地跑；向前跑；向后跑；弧线跑；转体跑。

（2）小马跳。一只脚向侧小跳一次，另一只脚随之并上垫步跳一次。然后以相同的动作反向运动，这种跳也被称作点跳。

小马跳技术要点：双脚轻微用力，同时身体的重心也应当在一个平稳的状态下移动，使用脚部和腿部关节来作缓冲。

小马跳动作变化：原地小马跳；向前小马跳；向侧小马跳；向后小马跳；转体小马跳。

## 二、高校健美操教学的基本技术

高校健美操教学的基本技术是为了保证学生在比较安全的环境下运动，使学生既享受到运动的快乐又不容易受伤。

### （一）弹动技术

弹动是健美操的一大特点，使健美操的动作带有运动感和节奏感。人体不同的部位有不同的关节，这些关节对人的运动起很大的缓冲作用，能够减少地面对人体产生的冲击力。弹动主要利用的就是人体的各个关节，使健美操的各种动作显得更加自然、优美，这也是大众健美操的基础。

### （二）身体控制技术

正确的健美操姿势应当是昂首挺胸，给人一种积极向上的感觉。这种姿势能够使人体躯干保持一种正常的曲线，同时腹部、腰部和背部肌肉也能够保持适当的紧张状态。总的来说，健美操要求人的身体张弛有度。

### （三）落地缓冲的技术

落地缓冲能够使人在落地时更加平稳，避免地面对人体产生的冲击力对身体造成伤害。脚掌缓冲一般是落地时从脚掌过渡到脚后跟或者是从脚后跟过渡到脚掌。屈膝和屈髋也是非常重要的落地缓冲方式。落地缓冲还能够使人的身体保持平衡。

### （四）半蹲技术

当人们做半蹲动作时，身体的重心会随着动作的进行而下降。同时，半蹲动作也能够使人体躯干和腿部肌肉保持一定的收缩。半蹲一般要求大腿和小腿的角度大于90°，臀部向后下方移动45°，脚尖方向应当与膝关节的弯曲方向在同一平面。另外，半蹲时，身体的重心应当在两腿之间。

### （五）平衡与重心移动技术

任何运动对人体平衡的要求都是非常重要的，健美操同样如此。平衡是影响人体运动安全的重要因素，但是，在运动过程中，人体的重心会随着动作的变化而移动，这就要求人们想要做到平衡就要熟练把握身体的重心。健美操运动中常用的控制平衡的方法如下：

第一，增大支撑面积。增大支撑面积主要靠的是人体的四肢。例如，人体在使用双腿站立时比单腿站立时更加稳定，另外，如果将双腿分开又比双腿并拢时更加稳定。

第二，降低重心。重心越高，人体越不稳定。比如，半蹲时重心会下降，这时就比直立时更加稳定。因此，在运动过程中，要尽量降低身体的重心。

第三，重心偏离的稳定。运动时，人体的动作是经常变化的，这就导致重心随时有可能会偏离。但是，人体具有非常完善的补充系统，而人的肢体就是系统重要的组成部分。因此，应当合理使用人体的肢体来调节重心偏离的情况。

## 第二节 高校健美操教学内容的设计与编排

### 一、高校健美操教学内容的设计

#### （一）以健美操技术特征为基础

"健美操教学能提高大学生的身体素质"[①]，健美操是以健身为基础，根据人体解剖学、运动生理学、体育学等多学科理论，为使人体健康健美地发展而编排的，鲜明的时代感和高度的艺术性是健美操项目的特点。健美操是一种必须在音乐的伴奏下进行的身体练习，富有一种鲜明的现代韵律感，这种韵律感源自练习者在进行健美操练习时的弹动技术，因此，在健美操形体编排中，脚踝、膝关节以及髋关节是练习的重要部分，学生在进行弹性技术练习时，腿部各关节灵活性、肌肉以及韧带的练习至关重要，在针对学生各关节灵活性和韧带软开度练习的同时，还要加强对学生脚尖、脚背进行小腿和跟腱的力量练习，提高学生在练习健美操时的起跳与落地技术，防止发生运动损伤，再结合下蹲、提膝、弹踢、控腿以及踢腿等进行大腿肌肉感觉练习，不仅提高了学生腿部的柔韧素质、力量素质，还美化了腿部线条。

健美操还呈现出一种高度的艺术感，这种艺术感要求加强腿部感觉的同时，还有头颈、躯干、胸腰、手臂的配合，因此，在进行健美操教学设计时要考虑到身体方向的变化、空间的转换、位置的移动以及结合头颈、手臂动作和各种舞步练习，显得整个形体练习不会单调。

---

① 苏婷. 高校健美操教学创新探析[J]. 青少年体育，2021（4）：122.

## （二）充分结合学生的特点

对于刚进入大学的普通高校学生来说，体育基础较差，表现力量、耐力、柔韧以及协调性差，大多数都是第一次接触健美操练习，在健美操形体编排中应加强对学生的综合素质练习。从强度方面来说，整个形体练习是为健美操课堂的基本部分做准备的，因此，不仅要考虑到学生特点还要结合课堂特点，强度不应过大，同时又能为接下来的健美操练习做好准备。对于正在成长发育期的学生们来说，比较容易接受新鲜的事物，其心理过程相当活跃，很难坚持对一个动作进行重复练习，甚至会产生厌倦的情绪，引起适得其反的效果，这就造成了许多学生喜欢体育课却不喜欢上体育课的后果，所以在健美操形体练习编排上一定要有创新，内容要考虑学生生理和心理的各种细节，活跃课堂气氛，引起学生的学习兴趣，提高教学质量。

## （三）引进新型流行性因素

健美操形体练习包括了把杆形体练习设计、垫上形体练习设计、波浪成套设计、爵士舞成套设计和转体与跳跃成套设计五个部分，与传统的健美操形体练习相比，在内容和形式上都有了创新。例如，在普通高校健美操人数较多的情况下难以保证每个学生都能进行扶杆练习，把杆形体练习不仅能使学生进行离把杆练习，活跃课堂气氛，还可以取得同样的效果。瑜伽源自古印度，很多人都是利用瑜伽体式的前屈、后屈和扭转等各种运动来均衡地矫正脊柱、骨盆、股关节等部位上的畸变。瑜伽体式的练习不仅可以提高练习者的柔韧性，促进血液循环和淋巴流畅，还可以提高练习者的免疫能力。

垫上形体练习也打破了以往比较单一的力量和柔韧练习，结合现在流行的瑜伽舞韵元素，在动感的音乐节奏下，提高了学生学习的积极性。爵士舞的动作，能直接把内心的感受用身体的颤、抖、扭表达出来，就像我们听到喜欢的音乐，能从内心自然地流露出感情，身体会不由自主地随着音乐节奏而活动，如弹响手指、摆首顿足，符合当代大学生的特征，正因为有了爵士和现代舞元素的引进，不仅提高了学生的兴趣，还提高了学生对音乐节奏的感知力。

## 二、高校健美操教学内容的编排

### （一）健美操的编排原则

健美操的编排有一定的原则，这是约束和指导编排健美操的基本纲领，健美操的原则对我们严格地创编一套完美的健美操和突出表现健美操的本质特点，有着十分重要的意义，健美操编排的基本原则如下：

1. 根据目的进行编排的原则

明确目的是编排健美操的第一项原则。健美操由于内容不同、形式不同，其要达成的目标也就不同，例如，姿态健美操可以培养人的良好气质和风度，健身健美操可以提高人的身体健康，矫形健美操可以为不良体态者矫正形体，竞赛型健美操则要突出它符合比赛的要求和规定，表演型健美操则有娱己和娱人的作用。所以，健美操的编排需要先明确健美操的目的，不能够随意拼凑。

以练习者自身的需求为目的的矫形健美操、竞赛型健美操、表演型健美操都是为了追求健身塑体的效果，但是这三种健美操又有着不同的目的，要根据层次的高低和程度的不同进行健美操的编排，同时还要对不同健美操的要求加以区分，不能将动作随意堆砌。否则不仅不能达成强身健体的效果，有时候甚至会获得反方向的效果。例如，矫形健美操目的是纠正身形、体态，假如正常人大量练习这种健美操，那么会导致身体机能受到损伤；竞赛型健美操在编排时要考虑到比赛的限制、要求与规则，编排教师要综合考虑这些因素，而且要进行相关创新，以在比赛中取得良好成绩；表演型健美操着重表现舞台艺术风格，其主要目的是进行表演，观赏价值较高，所以在编排时需要考虑观赏者的层次与表演者的特点。

2. 突出健美操特点的编排原则

在编排大众健美操时，必须以动态造型动作为内容，以操为形式，同时在其中加入符合训练人群特点的音乐，使其具有一定的韵律感，从而展现健美操的独特风格。

大众健美操与徒手体操有着较大的差异，如学校学生所做的广播体操就是一种徒手体操，这种体操一般只包含有身体各个部位的简单动作及动作之间的组合。由于徒手操内容简单、形式渐变、易于推广，所以在群众中适合广泛展开。而大众健美操相较徒手体操要具有一定的表现形式和形体美。另外，虽然大众健美操中有些舞蹈元素，但是不能等同于舞蹈，因为舞蹈塑造的是具体的艺术形象，表现感情是舞蹈的目的，而大众健美操的目的则是塑造自我人体美的形象，其主要目的是提升人的气质与风度。在了解大众健美操与徒手体操、舞蹈的不同之处后，就可以在编排大众健美操的时候更好地突出大众健美操的特点，要在大众健美操中有机结合健康、优美力量，从而塑造一个完整的人体美形象。

3. 科学全面的编排原则

提高身心健康、创造人体美是健美操的目的之一。作为一种多学科的综合性运动项目，健美操的编排不但要考虑到学生的身心发展规律，还需要符合美学原则以及对音乐艺术、舞蹈艺术的合理运用原则，全面、科学地进行健美的创作。

人体运动的身心规律在大众健美操中同样适用。在运动中，肌肉进行活动需要能量，从而要消耗氧气和养料，呼吸和脉搏此时要加快，人体新陈代谢加快，这样可以使人体的循环系统、呼吸系统和器官能力增强。在这个过程中，人的心理也会随身体状态逐步进入到一个良好的状态。基于这一原理，大众健美操的编排节奏需要由慢到快、由弱到强，然后再慢慢恢复，从远离内脏器官的部位开始编排动作，这样做的目的是促进血液回流，强化心脏功能，从而保证身体可以满足健美操高潮时的运动强度。

美学原则，对音乐、舞蹈艺术的合理运用原则在健美操中同样适用，这些原则可以塑造健美操练习者的美感和艺术感。健美操之美也不同于音乐和舞蹈塑造的形象之美，而是一种人体之美、健力之美。由于健美操和音乐舞蹈的内涵与形式截然不同，因此，在健美操中应用到舞蹈和音乐因素的同时，不能将歌曲与舞蹈的形象之美照搬其中。音乐与舞蹈在健美操中扮演的只是一种辅助角色，并不占主要作用，否则健美操就会失去体育运动的特点了。

4. 动作和结构的创新性原则

只有对健美操的结构与内容进行创新，才能够使学生全身心地投入这项运动中，提升其身体素质，使健美操运动蓬勃发展，保持旺盛的生命力。

健美操动作内容来源是体操和舞蹈，所以从体操和舞蹈动作的角度出发对健美操进行创新是一条行之有效的道路。体操和舞蹈的历史悠久，其蕴含的内涵、文化背景十分丰富，在进行健美操的创新时，一定要参考这两项运动，教师要经常性地考察体操和舞蹈中的动作。

除此之外，艺术体操、自由体操、水上芭蕾、体育舞蹈、冰上舞蹈、武术等体育项目也是健美操动作借鉴的来源，这些体育运动中都有可以吸收、消化、创新的新鲜生动的原始素材。

## （二）健美操的编排步骤

健美操可根据不同年龄、不同身体状况、不同需要进行编排。因此，掌握其创编方法，是创编整套健美操的基本要求。健美操的编排步骤主要有六个阶段，准备阶段、制订总体计划阶段、编排与记写阶段、乐曲选编阶段、检查完善阶段、练习与修改阶段。

1. 准备阶段

任何一个创编人员在编排一套健美操之前，必须有一个准备阶段，即对成套动作初步的或完整的设想，准备阶段对编排健美操动作来说是十分重要的环节，准备阶段的工作具体如下：

（1）明确创编目的、任务、要求。

（2）了解练习者年龄、职业、身体状况、运动基础等。

（3）了解练习者锻炼时间、场地、器械、器材设备等情况。

## 2. 制订总体计划阶段

在了解练习者的基本情况下，确定所创编操的风格、难度、长度、速度，如开始部分是站立还是行进间做动作；是从头部动作开始还是从四肢伸展动作开始。中间部分是主体部分，是成套动作发展，其作用是进一步提高练习者兴趣，也是富于变化和最具特色、容量最大的部分，不同类型的动作都要在这部分展现出来。因此，合理选择动作，恰当的音乐选配能把成套动作推向高潮。结束部分为使练习者的心率恢复到安静时，选择幅度大、速度慢的动作为宜，使练习者在结束之时，充分感受到美的存在。

## 3. 编排与记写阶段

根据大众健美操创编依据，按照总体方案设计具体动作，并用速记或图示的方法记录下来，为选配音乐做好准备。

## 4. 乐曲选编阶段

有了成套动作的初步设想后，就要着手选择乐曲，其方法包括：①选择一个乐曲的部分或一段。②对已有的乐曲进行改编（自己剪成）。③根据动作编乐曲。创编人员在选择音乐时必须根据创编依据来编排，否则很难达到预期练习效果。

## 5. 检查完善阶段

动作编排完成后，要检查并修改，主要包括：①规则的吻合程度。②成套动作与运动员能力之间是否合理。③多样性与主题是否完美结合。④音乐与成套动作是否融合。⑤视觉冲击力是否很强。⑥过渡与连接是否合理。另外，还要注意路线运用要多样化、视觉化、效果化。空间与空间之间转换的视觉突然性和起伏性，高、中、低结合使用。

## 6. 练习与修改阶段

根据设计的动作在进行练习时，开始不要选配音乐，应进行单个动作练习，在掌握单个动作的基础上，进行成串动作的练习，然后一边听音乐一边做动作。若出现动作的结构顺序与音乐不符，要马上修改整理，经过多次练习、多次修改，最后确定一套完整的健美操。

# 第三节 高校健美操教学内容的实施

## 一、高校健美操教学实施的特点及任务

### （一）高校健美操教学实施的特点

教学是以课程内容为中介的师生双方教和学的共同活动，健美操运动教学就是学生在

教师指导下，系统地获取健美操知识、技术、技能，培养综合素质和能力，形成和谐发展个性的认识和实践过程。健美操运动教学主要是以运动技术的学习为中心开展的，其教学除了具有体育教学的一般特点外，还具有以下特点：

1. 时代气息较浓厚

健美操是将人体艺术与体育美学融为一体、极具观赏性的体育运动项目，再加上激情音乐的伴奏，学习与练习健美操本身就是美的享受和快乐的体验，因此深受人们喜欢。同时，随着人们对健身的理解及对健身需求的多样化和个性化需求，健美操也在不断地丰富自身的内容和形式，以更好地适应人们的需求。因此，健美操运动教学过程也是与时俱进、充满时代气息和时尚感的运动体验过程。

2. 广泛运用动作组合教学法

随着时代的进步与发展，健美操也紧跟时代的潮流不断地进步与发展，经常进行国内外健美操的交流，在交流的过程中，不断地在原有动作的基础上进行创新，形成了许多新的健美操动作，与此同时还形成了持续与连贯的教学方法，即线性渐进法、金字塔法等，具体来说就是在教学过程中，在音乐的伴奏下，教师先教一个简单的动作，然后进行重复，在对这个动作熟练的基础上再进行下一个动作的教学，在学新的动作时需要衔接上一个动作进行，然后教师在教学过程中对学生的动作进行提示，最终让学生掌握所有的动作，进而形成一个组合。这样的教学方式，有助于学生对动作进行连贯的记忆与衔接，从而教学顺利地进行与开展，进而达到高水平的有氧健身效果与教学效率。

3. 注重直观教学

健美操动作数量较多，动作路线及动作之间的连接变化也较复杂。想要单纯靠语言叙述教会学生不太现实，所以教师们在教学过程中比较喜欢运用演示的方式进行教学，这样学生可以很直观地看到动作的要领，与此同时教师在教学过程中进行语言提示，也可以让学生更快、更容易地理解动作，从而掌握动作要领。

### （二）高校健美操教学实施的任务

1. 传授健美操知识、技术

健美操运动教学是教师有计划、有目的地传授和学生循序渐进掌握健美操的知识、技术与技能，并系统地领会这些知识，加以灵活运用的一系列活动过程。传授知识是形成技能、培养智能和发展个性的基础，教师在注重传授系统知识、间接经验的同时，应注重感性认识和理性认识的结合，必须使学生的认识活动从感性阶段上升到理性阶段。在学生掌握了这些基本动作后，教师就可以引导与帮助学生对所学的知识进行灵活与综合的运用，从而让学生在面对一些问题时可以尽快地进行解决。

2. 增进健康，塑造形体

教学的目的是促进学生的身心发展。健美操作为一项有氧运动，其健身功效已达成共识。健美操练习可以改善心血管系统功能，提高心肺耐力、增进健康，塑造形体、全面提高身体素质。但是，如何通过健美操的教学更好地促进这些方面的发展，是教师需要思考和解决的问题。这就需要教师在教材、教法及组织形式的选择、安排和应用上精心设计，做到既能完成教学任务，又能很好地发展学生的身体素质，提高健康水平。

3. 掌握健美操动作技能

掌握运动技能不仅是锻炼学生身体、发展学生运动素质的途径，也是体育学科"传道授业解惑"的本职。因此，从根本上讲掌握并提高运动技能是学生学会运动和运用运动技能的具体反映。学生没有掌握、没有提高运动技能的体育教学是空洞的体育教学。因此，教师应该充分认识运动技能在学习中的重要意义，切实搞好运动技能教学。技能的形成要经过长期反复地练习，才能逐渐达到熟练程度，熟练的标志就是可以高度自动化地完成特定任务。对于健美操来说，也只有学生掌握了相当熟练的技能技巧之后，才能考虑到动作的艺术表现力，才能追求更多的美感和创新。

4. 培养非认知因素

非认知因素包括认知因素以外的影响认知过程的一切心理因素，学生的学习过程是以人的全部心理活动为基础的，有认知的活动，也有兴趣、动机、情感、意志及人格特征等非认知因素的影响。认知过程包括感知、记忆、思维等活动，它直接指向学习课题，非认知因素虽不直接参与认知过程，不能改变人的智力水平，但能调节和控制认知活动，并决定一个人的智力水平能否得到充分发挥和使用，可以说学习的成功是由认知因素和非认知因素共同决定的，如果没有良好的非认知因素作为其心理条件，是不可能实现学习上的成功。教学过程的目标不仅是学生获得知识、发展智力，学生良好的意志品质、热爱科学、追求真理、为科学献身的精神，其实际意义也不亚于促进智力的发展，它本身就是社会对新一代的基本要求，是教学的目标之一。

对于健美操科目的教学，培养学生的非认知因素也应作为该科目的一项基本任务。非认知因素主要包括兴趣、情感、意志、焦虑及人格特征等，它们在个体身上表现为学习态度，它以动机为核心，调节学习活动的进行。在教学中动机起着最直接、最有效的作用，学习兴趣和意志品质都可以在动机的培养中得到改善，教师可以通过适当的方法来培养和激发学生的动机。

健美操运动教学中，教师应在思想上重视对学生动机的培养，以及相关的培养方法问题。健美操运动教学中培养动机的主要方法包括：①通过教师优美的示范动作和悦耳动听的音乐唤起学生的认知兴趣，引起学生的学习需要和兴趣。②通过丰富多彩、造型优美的动作内容及生动的教学方法来吸引学生，引起学生的注意力和探究倾向。③通过学习，使学生认识到学习健美操的意义，体会到掌握健美操技能是一种本领。④提高学生的志向水平，以影响学生的学习积极性，多用鼓励性的语言，避免频繁地对学生施加具有威胁性的考试和竞争压力。

5. 提高审美素养，陶冶美的情操

健美操的强劲、富有表现力的动作和优美、动听的音乐能使人产生美的情感。健美操运动能给人带来大方、自然、协调与健康的美。因此，进行美的教育也应是健美操运动教学的一项任务，教师因充分利用健美操所表现出的健康美、形体美、动作美、技术美、造型美、音乐美、服装美等特点，在教学中加强心灵美的教育，实现对心灵美的追求。在欣赏美、感受美的基础上提高对美追求的境界，并形成在生活中创造美的意识和行为习惯。

6. 提高学生的社会适应能力

社会适应是一种能力，具体来说就是个人通过调整自己的行为与心态，使自己与社会环境相互作用，适应周边的环境，从而形成获得良好人际关系与社会角色的能力。换个角度来看，这还是个人不断与社会接轨的过程，也是个体不断社会化的过程，随着时代的进步与发展，人们之间的联系越来越紧密，交流越来越频繁，所以社会适应能力是当今社会上一项十分重要的能力，在很多高校已经将提高学生的社会适应能力作为体育教学的重要任务与重要目标。

健美操运动教学中，教师应以发展学生的社会适应能力为己任，通过营造良好的、宽松的课堂氛围，建立和谐的师生关系，使学生生动、活泼地进行健美操的学习、训练及群体或个体之间的互动交流，培养个体的社会适应性。通过开展竞赛活动，培养学生的竞争意识，增强学生的集体荣誉感、责任感和团队协作意识。通过开展丰富多彩的课外实践活动，使学生走出课堂，参与体育活动，加深不同年级同学间的友谊，提高群体意识，使人际关系变得更加和谐、融洽，提高适应外界环境的能力。

## 二、高校健美操教学内容的实施原则

任何的教学活动都离不开教育者、教育对象的参与，健美操教学也是如此，它是在教师与学生的共同参与下完成的。具体来说，教师就是在教学计划与教学大纲的要求下指导学生进行健美操的学习，让学生有效、系统地学习与传播健美操的知识，掌握健美操技能的过程。健美操的动作丰富多样、形式多样，是在节奏性的音乐律动下进行的富有朝气、充满活力、动作优美的运动项目。在进行健美操专项教学时，要注意每一阶段的练习，在每一阶段的练习时，我们都应该重视每个基础动作的练习效果，因为只有每一阶段的练习效果好、练习质量高才可以让整体的、成套的动作质量得以提高。

另外，在教学过程中，教师不能一味地遵循教学原则，而应根据不同学科的特点，对教学方法进行创新与丰富。健美操教学的原则就是要在教学实践中，不断地总\结研究教学规律，由此制定健美操教学的基本要求和指导原理，在健美操的教学中起指导、调节的作用。所以，如果教师是在健美操教学原则的基础上，对教学方式进行研究与设计、对教学效果进行评价与检查，就可以让健美操呈现出最积极与最优质的特点。由此，教师在进行健美操教学时，应该根据项目正确地贯彻与灵活运用教学原则，从而更好地发展体育项目。

### （一）教师主导作用与学生自觉性相结合原则

教学是一个双向的过程，需要双方共同的活动。健美操的教学活动也是如此，需要教师与学生在教学过程中都具有明显的积极性时，才可以完成教学任务，拥有良好的教学效果。如果有任何一方的积极性缺失都不会形成高效率与高质量的教学效果。同时，在教学过程中，教师的作用极为重要，主要体现在教师提高学生学习的积极性。从本质上看就是在教师教与学生学这两个方面，具体来说就是在教学实践中，学生与教师之间的关系是相互独立与相互依存的，但是教师在教学过程中还是处于指导与主导的地位。

在教学过程中，教师处于教学过程中的主导地位主要体现在教师按照教育的方针政策，根据学生学习的特点对教学过程进行组织与设计，从而在教学设计中充分地发挥出教师的能力，让学生能够尽快地掌握健美操的理论知识与技能。除此之外，教师的主导作用还体现在教师可以对教学过程进行调节与控制，而且学生学习的积极性对教师教学过程的控制与指导具有很大的关系。

学生学习的积极性，具体来说就是学生在教师的启发下，学生可以明确学习的目的，可以提高学习的兴趣，在学习的过程中学生能够认真学习教学内容，能够听取教师的意见，能够积极参与教师设计的教学活动。

随着时代的进步与发展，现代的教学理论更加注重学生学习的自主性与积极性，学生学习的积极性提高了，可以有效地提高教学的效果，具体来说，就是学生愿意学习，教师也就更愿意积极地备课与设计教学活动。

教师要想在教育过程中充分发挥自己教学的主导作用，需要注意以下方面：

第一，在教学过程中要有高度的责任心与事业心。教师只有在热爱自己本职工作的前提下才可以在工作的过程中，对各项工作任务保持认真的态度。同时，教师只是单纯的有一个良好的工作态度是不够的，还需要有良好的工作能力，在教学过程中始终保持严格、认真、亲切平和的态度，有条理地引导学生进行健美操的学习，从而让学生了解这项运动的意义与体会这项运动的价值，进而爱上这项运动，增强他们学习的积极性与主动性。

第二，在教学过程中做到教学相长，由于教师进行教学是要教授知识的，所以教师应该深刻了解自己所教科目的大纲内容与对学生的培养目标，不断学习前沿的资料，不断地学习新的知识，从而让自己的知识不断地进步与发展，进而在教学过程中提高教学质量。教师还应该在教学过程中，不断地发现学生的创新精神，对学生积极地进行鼓励与培养，并从学生的创新精神中获得灵感与启发，进而不断地提高自己的教学水平。

第三，教师要积极地去探索与了解学生的实际情况，这样有助于教师与学生交流思想情感，教师能够更加准确地把握学生的思想，更有针对性的对教学进行设计与组织，进而可以提高与激发学生学习的积极性，让学生更加顺利地学会健美操的理论知识与技能。

第四，教师在进行教学研究时，还要注重教学方法的研究与选择，教学方法的选择对学生能否积极学习具有十分重要的作用。因此，教师在教学过程中要多对学生进行多方面了解，针对学生的喜好与需求对教学方法进行设计与组织，同时还可以根据学生的学习情况，对其进行针对性的训练与教学，从而让学生更加积极主动地学习，更加简单地突破一些难点，进而顺利地完成学习这项任务。由此可以发现，好的教学设计与教学方法不仅可以让教师更好地管理学生，还可以增强学生学习的积极性与信心。

第五，在进行教学过程中，教师还要进行民主教学，在发挥主导作用的同时，提高学生在课堂上的民主地位。具体来说，就是教师在进行教学时要不断地引导学生回答问题与提出问题，允许学生交换意见与问题进行交流，从而让学生在不断交流的过程中提高自己学习的积极性以及思考问题与解决问题的能力。

第六，在完成教学后，进行教学评价也是又一项十分重要的教学环节，具体来说，客观准确的教学评价有利于激发学生的学习兴趣，因此，教师在进行评价时一定要客观公正。

第七，教师在进行教学时，还要将美作为自己教学的准则，美不只是指形象上的美，还是语言、谈吐与心灵的美。教师应坚持为人师表，坚持与践行美，这样有利于激发学生学习的积极性。

### （二）直观与思维相结合原则

单纯靠记忆学习健美操是不太现实的，不管是学习健美操还是对健美操进行教学都应该坚持直观与思维相结合的原则。人们对客观事物的学习都是通过感官来进行的，感官包括视觉、听觉等。直观与思维相结合的原则就是，所学的动作先在思维活动中进行模仿练习，形成正确的动作思维，要想贯彻这种思想与概念就要注意以下四种方面：

第一，教师在进行教学时要坚持直观教学，直观教学法是最生动的教学方式。教师应注意在进行直观教学时要准确地进行示范，因为这是学生获得课堂动作的重要途径。所以在教学过程中采用直观教学法具有十分重要的意义与作用。除了教师进行演示之外还可以通过图片与录像对其进行演示，但是需要注意的是，运用这一方法时要有选择地进行使用，让学生带有目标地进行观察与学习。

第二，教师对学生进行生动形象的讲解可以加深学生对知识的理解，健美操的教学也是如此，如果教师只是单纯地对健美操进行直白的讲解，就无法加深学生对健美操的学习与理解，因此，在学习健美操这项运动时教师除了演示一些基本动作之外，还要对动作进行生动形象、简明的讲解与提示，从而让学生更加容易地理解与掌握健美操的动作。

第三，在教学过程中，教师对动作进行演示的同时，还要对动作进行详细的讲解，这样可以让学生建立表象与概念的动作结构。学生在建立表象与概念之后还需要加强练习，对动作进行反复的练习，逐渐形成肌肉记忆，从而在学习健美操的时候可以更好地掌握动作要领。

第四，在教学过程中，教师还要注意激发学生创新与独立思考的思维。在传统健美操课堂教学中，学生对理论的学习总是只知其一不知其二，不能更好地掌握健美操理论知识与技术动作，所以教师在教学过程中就要善于激发学生的创新能力，在学习技术动作与理论时能够进行创新的学习，做到通过学习一个知识，从而学会更多的知识与技术。

### （三）循序渐进原则

在教学中坚持循序渐进的原则就是根据教学内容、教学对象，对教学方法进行一个科学与系统性的设计，让学生在学习时不会感到十分吃力或者没有进步。因此，在进行健美操教学中要坚持循序渐进的原则，具体如下：

第一，教材安排应由易到难、由简到繁、由单个动作到组合动作最后到成套操。安排各类动作练习时，应前后衔接，承前启后，逐步提高，在学习掌握一个动作后就要发展、变化、加难。同时也要考虑各类动作之间的横向联系，先学习的内容为后学内容的基础，不断扩大教学内容的深度和广度，并考虑各类动作之间的互相促进、动作技能的转移和身体素质的转移等因素，使教学内容具有系统性、科学性、渐进性。

第二，在教学步骤方面，循序渐进原则就是先对简单的教学内容进行教学，然后再根据学生学习的情况对较难的教学内容进行教学。具体到健美操的教学方面就是先对基础动作进行教学与练习，再逐渐过渡到成套的动作；先对节奏慢的动作进行练习，再对节奏快的动作进行练习。

第三，运动量安排应由小到大，小中大相结合，使其按适应—加大—再适应—再加大有节奏地螺旋式上升。练习量必须根据学生的素质水平、技术水平及接受能力等实际情况安排，不能操之过急，违背循序渐进的原则。

第四，能力培养应循序渐进地贯穿在整个教学过程中。学生在学习和掌握动作技术、技能的同时，各种能力也应逐步得到相应发展。如单个动作的教学能力、记写成套操动作的能力、创编成套操动作的能力、组织竞赛与裁判工作的能力等均应有计划地安排在教学的各个学期。

### （四）身体全面发展原则

从生物学的角度来看，人体的各个部位与器官等都是相互联系、相互影响的。健美操不仅是一项全面提高人体素质的运动，还是一项自然、优美的运动，人体的各个部位都会进行运动，可以对身体的各个部位进行训练与发展，所以在进行健美操教学时，教师要重视与坚持身体全面发展的原则，具体如下：

第一，在制订教学计划时，应注意各类动作的搭配，使学生身体得到全面发展。

第二，在安排每次教学课的内容时，应注意在动作的性质、形式、运动量及素质等方面的合理性，使身体各部位及各种素质都能受到全面锻炼。

第三，考核项目和内容的确定，要考虑全面发展身体的因素，使学生通过考核也能获得身体机能的全面锻炼。

### （五）巩固和提高相结合原则

在进行健美操教学时，教师要坚持巩固与提高结合的原则，在知识教学结束后，还要注意对知识的巩固这一重要环节，因为只有对知识进行巩固才有助于学生在遇到问题时更快速地调出脑海中的知识储备，从而解决问题。除此之外，对知识不断地进行巩固还可以让学生对知识有更深层次的理解。在健美操的教学中，坚持巩固与提高相结合原则需要注意以下方面：

第一，教师要保障学生在课堂上有足够的时间进行练习。只有多次地重复练习学生才可以在大脑皮质上建立动作定型，进而就可以下意识地做出动作。除此之外，教师还需要对动作要领进行规范教学，让学生对动作进行正确的学习。只有在动作正确的基础上才可以进行重复多次的练习，不然就会让学生形成错误的肌肉记忆，从而难以改正，影响健美操的教学效果。

第二，反复练习不能长时间地停留在原有的动作和一个水平上。在复习巩固已掌握技术动作时，可采取动作连贯的方法，从而使已获得的运动技能逐渐得以提高，运用自如，如在已学动作的基础上编排各种组合或成套操进行练习，改变动作速度、节奏和力度进行练习等。

第三，健美操是以组合或成套操为表现形式，用评分来衡量动作质量效果的项目，为此，对已掌握的动作，要不断地提高质量要求，如加大动作幅度，提高动作的表现力，等等。并应指导学生按照音乐的性质、风格，独立编排成套操，在实践运用中达到巩固、提高的目的。

第四，对一般和专项身体素质的训练程度也要不断地巩固和提高。这是保持良好的机能状态、进一步提高运动技术水平的基础。

第五，教学方式可以丰富多彩一些。具体来说，可以运用表演测验等形式，来对健美操动作的熟练度进行训练与巩固，丰富多彩的健美操教学方式是可以激发学生学习的积极性，从而提高健美操教学的效果与质量。因此，进行健美操教学时选择一个合适、科学的教学方式对教学效果的提高十分重要。

## 三、高校健美操教学内容的实施方法

教师在进行教学时，要注意不同的科目拥有不同的教学方法，所以在制定教学方法时教师要认真了解与学习教学要求，深入探索与了解学生的心理与发展状况，从而设计出科学的教学方法与教学设计，进而更有针对性地对学生进行教学。健美操的教学方法有很多，具体如下：

### （一）领带法

领带法就是领着学生对动作进行学习，具体来说就是教师在课程开始的前一段时间对之前的动作进行复习或者进行热身运动。需要注意的是，教师在带领简单动作时，学生可以跟上教师的节奏，从而达到练习效果；带领复杂动作时，学生可能跟不上教师的节奏，这时教师就要适当改变一下带领方法，从而引导学生学会复杂动作。

带领学生对动作进行学习，可以让学生看到正确的健美操动作，有助于学生形成正确的健美操动作的整体概念，进而促进学生健美操的整体学习。但是凡事都要按一分为二的方式进行思考，除了优点之外还有一定的缺点，具体来说，这样的教学方式忽略了学生的自主性，学生始终处于被动学习的状态，学习氛围不是很生动有趣。因此，教师在采用此种方法时要注意以下方面：

第一，教师在带领过程中要注意方式与方法，具体来说，就是要注意避免采用面向学生带领的方法，应该多采用背朝向学生进行教学的方法，这样学生在学习的时候就可以直接跟着教师进行练习，而不用再思考方向的问题，让学生更加快速的建立肌肉记忆，进而提高教学质量与教学效果。

第二，除了教师进行带领外，还可以让一些对健美操学习优异的学生在前面对学生进行带领，这样不仅可以激发其他学生学习的积极性，还可以让教师有更多的时间和精力去纠正学生的错误与不足，进一步提高学生健美操的动作水平。

第三，在带领学生学习健美操的动作时，一定要注意动作的准确性，避免学生学习错误的动作。与此同时，教师还要求学生各个感官协调配合，全面地对健美操进行学习。

## （二）交替法

交替法就是在教学时将学生分成两个以上的小组进行教学，这样每个同学在学习时就不会有很大的压力，同其他小组进行训练时可以对其进行观察，提出修改的意见，由此更加有利于提高学生学习的积极性与参与度，进而培养学生运动的意识以及关心他人的心灵美。运用交替法时，应该注意以下四个方面：

第一，在进行分组时，教师应根据学生的具体情况，将所有的成员分成最少两个组、最多四个组。一般情况下所有成员先进行集体练习，然后各个小组之间进行交替练习。

第二，在各小组进行交替训练时，需要注意的是，教师应该对同学进行有组织的管理，让他们在别的小组进行训练的时候进行仔细观察与分析，从而有效地管理好课堂秩序，提高学生的分析与观察能力，进而使学生得到全面的发展与提高。

第三，进行科学分组时，其中最有效的分组方式就是进行单数与双数之间的分组，这样不仅可以令两组之间进行更有针对性的训练与交流，同时可以根据队形进行交替练习，这样有利于学生熟悉动作，提高自我表现能力。

第四，运用交替教学法时，应该有计划、有目的地进行。在学生已经学会成套的动作但还没有完全熟悉的情况下，教师让学生进行重复与巩固训练时运用。除此之外，在学生出现错误动作时，让其进行重复训练时运用。

## （三）衔接法

健美操是由很多个节和段连接而成的，还有节数多、节拍多、变化多的特点，很多学生总是在一些中间的环节忘记下一步应该做什么，所以将节与段进行顺畅的连接也是健美操学习的一项重难点。因此，在进行健美操教学时可以专门采用衔接法对学生中间总是忘掉的环节进行专项练习，从而使学生能够更好地、更完整地完成整套的健美操动作。使用衔接法时应该注意以下四个方面：

第一，要想学好成套的健美操，应先学好每一节的健美操，因为每个成套的健美操都是由单节的健美操组合而成的。

第二，注意多对前面学习的动作进行复习，具体来说就是教师可以在进行新的授课之前，将前面的动作与新的动作连接起来进行教学；同时还可以多重复几遍，由此使学生更加熟练地掌握健美操的动作。

第三，在教学的初期或者是对于刚刚接触健美操的同学，教师可以通过领带法带领学生进行健美操动作的学习，当学生对动作有一定的熟悉之后，可以逐渐将衔接的教育从动作逐渐转移到口令与语言等方面，来提示学生完成动作，最终引导学生在音乐的配合下完成动作。

第四，衔接法的教学，不只是单纯地对段与段动作之间的衔接，同时应该还包括动作与音乐之间的配合，具体方法就是教师在教授完学生基本的动作之后，可以让学生分段在音乐的配合下对动作进行练习，让学生适应音乐，了解音乐的节奏，最后逐渐地将分段的音乐进行组合，最终学会完整、成套的健美操，形成完美的教学效果。

## 第四节　高校健美操教学中音乐的运用

所谓的健美操，就是舞蹈和音乐结合在一起的运动。健美操少不了音乐，只有将音乐和舞蹈动作融合在一起，并表现出来，才能成为健美操，这两者都是必不可少的，只有融合在一起才是整体。音乐可以称为健美操的灵魂，只有牢牢地把握音乐的节奏和韵律，才能使节奏的快慢与舞蹈动作协调统一。不同的音乐有不同的风格，跳出的舞蹈也不同，音乐奠定了舞蹈的感情基调，这二者是内在相连的，健美操有了节奏感，有了感情，才真正地富有生命力。

### 一、高校健美操教学中音乐的重要性分析

#### （一）激发情感

在健美操表演的过程中，除了形体的优美，还要有感情的融入。舞蹈只有融入感情，

才真正富有生命力。没有音乐配合的舞动，很难把感情融入其中，因为音乐能激发出学生们对舞蹈的情感。因此在高校健美操教学课程中，教师会把健美操和音乐结合起来，而采用的音乐，大多是节奏感很强、带有明显情感的摇滚乐，能够很快地带动学生的情绪，呈现出不同的美感。音乐还可以在健美操教学中，活跃气氛。当学生感到紧张时，音乐能够使他们相对放松，带动兴奋的情绪，让学生融入健美操中，并把握好舞蹈的节奏。使学生可以在有节奏感的舞蹈中，感受音乐，享受舞蹈，心情愉悦。

### （二）带动课堂氛围

在健美操的授课中，音乐是非常重要的，能够影响到整个课堂的氛围，还能带动学生对舞蹈的积极性。如果在课堂教授过程中，长时间地只用一种音乐，学生们就会感到厌倦，没有新意。由于缺乏新鲜感，在练习舞蹈的过程中缺少了乐趣，学生们就不会积极主动地练习。所以不仅要选用音乐，还要选用适合的音乐。

健美操学习的舞蹈较多，能够选择的音乐也较多，没有严格的限制，所以在选用音乐的时候，不仅要把握好节奏感情，还要有新意，例如，有两个相同节奏的曲子，可以选较为流行的曲子。在健美操授课过程中，要采用不同的感染力强、节奏感的音乐强，只有这样才能带动学生融入舞蹈中，调动他们的情绪感受音乐的美。

### （三）帮助学生更好地掌握舞蹈动作

在教授健美操的过程中，选用的音乐，要适合舞蹈的节奏，学生才能容易接受，并很快地熟练舞蹈。因为音乐能够带动人的情绪，学生可以根据音乐的节奏，以及表达出的情感，与健美操的动作相结合，成为一体。从而使学生能将首音乐，与所练习的舞蹈动作相联系，记忆就会更深刻。有了音乐，学生就会更容易学习健美操，由于对舞蹈动作掌握不熟练，学生可以根据音乐的每个节奏点进行记忆，那么练习起来就更加迅速，表演起来，也就更加优美。

## 二、高校健美操教学中音乐的应用特征

### （一）适用性

健美操舞蹈只有通过音乐的配合才能表达出它的情感，所以在选用音乐的时候，一定要把握好音乐的节奏、风格和情感，只有音乐和舞蹈真正地融为一体，才能把健美操的风格表达出来。例如，这一套健美操的风格是慢节奏的，在选用音乐的过程中，应该选一些节奏慢的、速度慢的，才能衬托出这套健美操。而如果一套健美操学习起来难度大，有很

强的技巧性，这时就不应该选择节奏较快的音乐，而应该选择一些缓慢的音乐，才能让学生更好地把健美操的技巧性表达出来。

## （二）节奏性

因为健美操是一项舞蹈运动，在练习的过程中需要消耗一定的体力，如果节奏快、动作快，对体力的消耗更大，在后期可能会因为体力不支，放慢速度，导致舞蹈动作做得不到位，或是跟不上音乐的节奏，乱了节拍。所以在选择音乐的同时要考虑舞蹈的节奏和速度，如果因为音乐太快、节奏性强，导致学生在练习的过程中跟不上节拍，不能和音乐相协调。教师就要适当地调节速度，或是换音乐。一切要以学生为主，不能让学生在练习的过程中，因为音乐不能与舞蹈动作连接，导致练习困难。音乐是帮助学生更容易练习健美操的，而不是用来阻挡学生练习的。在初学者学习健美操的过程中，由于学生基础较差，或是一些学生学习能力较弱，就要选取相对缓慢的音乐，随着学习时间和学习能力的变化，再适当调节音乐的速度。

## （三）音乐情绪与舞蹈动作相匹配

音乐所表达出来的情绪能够带动学生的情绪，让学生在训练的过程中更有热情，使健美操舞蹈动作和音乐相结合。所以，在健美操教学的过程中，还要考虑到课堂氛围，这对学生的情绪影响很大，多放一些积极向上轻松的音乐，那么学生的心情就是愉悦的，课堂氛围也是轻松的，联系起来就更加用心，学习起来更加努力，更能加深学生对健美操舞蹈动作的记忆。例如，学生如果在练习健美操的过程中，对某一情绪记忆深刻，在下次听到这个音乐的时候，就会想起健美操的舞蹈动作，这样的话学生对健美操舞蹈动作的记忆就会更加深刻。

# 第五章  基于地区与教学方向的高校健美操教学

## 第一节  河南省普通高校健美操教学内容设置与改革

为不断满足健身锻炼者的各种需求,目前,健美操的种类和练习形式呈多样化的趋势,健美操要寻求自身的发展,最大限度地适应市场发展的需要,就必须不断地满足人们的不同需求。经过多年的发展,健美操已经成为极受大学生欢迎的体育项目之一。高校开设的健美操课程以"健身娱乐,塑造形体"为目的,健美操动作讲究健美大方,强调力度和弹性,练习内容讲求针对性和实效性,不仅能使身体各部位的关节、韧带、肌肉得到充分锻炼,使人体匀称和谐地发展,还能增强体质,培养健美的体形和风度,塑造健美的自我。

### 一、河南省普通高校健美操课程教学内容设置现状

#### (一)河南省普通高校健美操理论课教学内容设置现状

正确的理论可以指导实践,健美操运动的起源、分类、特点、健美操的比赛规则以及正确的健美操锻炼方法,对于学习健美操的学生有着重要的指导意义。因此,在高校健美操内容设置上,应该合理安排健美操的理论课时。

"河南省大部分高校选择了健美操的起源、健美操的分类与特点作为重点教学内容,健美操的创编原则与方法、健美操裁判法与规则作为次重点教学内容,健美操的运动损伤与预防、健美操锻炼的营养与卫生、健美操赏析等内容涉及较少。"[①]

#### (二)河南省普通高校健美操实践课教学内容设置现状

健美操的实践课内容是高校健美操课程教学的重点。高校体育课教学以实践课为主,课程内容的选择决定了高校健美操课的教学质量,培养学生终身体育意识作为高校体育教学的主要目的,在健美操课程的教学中也应得到贯彻。在不断深化的教育教学改革中,健

---

① 鄢先友. 河南省普通高校健美操教学内容设置与改革 [J]. 郑州牧业工程高等专科学校学报,2011,31(4):69.

美操运动也应该结合高校改革的趋势，抓住当代大学的健身需求，不断丰富教学内容，以适应社会发展。千篇一律的教学内容肯定无法满足不同学生的需求，河南省高校中仅有少部分高校在教学内容中有自编健美操教学内容，大部分都选择有氧健美操规定套路，这说明高校健美操教学中教师自主创新方面还存在不足。

目前，瑜伽、有氧拉丁操、踏板健身操、有氧搏击操、有氧舞蹈等项目在健身中心开展得比较好，深受大众喜欢，但是在高校还未能得到普及，大部分高校选择了有氧健美操作为主要教学内容，这也反映出配套场馆的建设不够与高校健美操师资水平不高。高校健美操实践内容中竞技健美操和啦啦操的选择频次也相对较多，这和近年来高校的健美操比赛主要以竞技健美操和啦啦操为主有关。

## 二、河南省普通高校健美操教学改革建议

### （一）更新健美操教学观念

河南省健美操教学内容的设置要紧跟高校改革的步伐，结合当代大学生身体发展的特点，考虑每一个学生身体素质的差异性，在保证完成教学任务的前提下，使更多的大学生投入健美操运动中来，让学生在课堂上真正得到身体锻炼，实现运动参与、运动技能、身体健康、心理健康和社会适应五个领域的目标。

### （二）丰富健美操课程教学手段

体育教学手段是为实现体育教学目标而创造的，也必须根据教学目标的具体要求进行选择和运用。作为新课程的健美操教学，如何运用最新的教学理念，创建出新的教学手段，从而达到学生生理、心理、社会适应等方面的目标任务，是每位教师急需摸索和探求的新问题。建议加强健美操课堂教学与现代信息技术的整合研究，根据教学实际需要科学合理地利用各种教学媒体，如教学挂图、视频、教学课件等，借以解决实际教学中难以表述和示范的复杂技术动作演示的困难。在实际的教学过程中，建议加强学生的自主性学习，运用自编、探究、合作、游戏等教学手段激发学生的学习兴趣。根据学生对于健美操技能掌握的差异性，适当进行分层次教学，全面提高健美操教学水平。

### （三）提高健美操教师专业知识和技能水平

健美操教师的水平与能力决定了课程的质量，高校课程改革要求教师必须具有先进的教育理念和教学方法，并不断提高自己的责任心和创新能力。健美操运动包含多种运动项目特征，健美操教师应该具有扎实的理论知识和运动能力，同时在审美观、艺术鉴赏力方

面也应该有一定的水准。河南省高校健美操教师都具有较强的责任心,愿意把这门课程教好,但是普遍反映提高理论水平和运动技能的机会较少,特别是在课程的设置上,很多学校有很好的条件,但是教师的专业水平达不到,一些受学生喜欢的新兴项目无法开展,建议高校在课程设置改革的过程中,加大对教师培训的力度,充分调动教师的工作积极性,这样才能从根本上提高健美操教学水平。

## 第二节 湖南省普通高校健美操教学内容设置与改革

### 一、湖南省普通高校健美操教学内容设置分析

#### (一)湖南省普通高校健美操理论课教学内容设置现状

理论对实践起着重要的指导作用,健美操的理论课能够使学生更加了解健美操的特点、健美操的规则以及健美操的锻炼方法等。因此,适当地安排健美操理论课对于学习健美操的学生能起到辅助的作用。"经过调查发现,有68.2%的学生没有上过健美操理论课。说明湖南省高校对健美操理论教学普遍重视不够。"[①]

#### (二)湖南省普通健美操实践课教学内容设置现状

健美操课程的实践教学内容既是实现健美操教学任务的重点,又是教师和学生开展健美操教学活动的依据。健美操课程的实践教学内容包括为了实现健美操教学任务而选用的健美操基本知识和各种身体练习,集中反映在各级学校的健美操教学大纲和健美操教学教材中。普通高校体育课以实践课为主,因此实践课内容的质量直接影响着体育课的质量。高校体育应该强调健身性、娱乐性、终身性,因此,健美操运动应顺应高校体育教学改革的趋势,根据学生需求特点以及教学环境的条件合理安排课的内容,不能千篇一律,每个学校每个教师都教授一样的内容。

湖南省普通高校健美操课程实践教学内容中,从教师对教学内容的选择上说明,拉丁健美操和健身街舞等新兴的运动项目已经被同学们接受。水上健美操、搏击健美操、踏板健美操等运动项目,虽然在健身俱乐部等健身中心被大众所接受,但这些项目在高校由于缺少运动场馆和教练等,至今还未普及大学体育课堂。

---

① 肖志艳.湖南省普通高校健美操教学内容设置与改革研究[J].湖北经济学院学报(人文社会科学版),2010,7(4):204.

## 二、湖南省普通高校健美操教学改革研究

### (一)构建健美操课程体系

教学课程体系的构建,必须依据健美操课程指导思想,并且充分考虑到学生条件、教学条件和教师条件等教学系统要素的具体情况,使学生在健美操课程的学习过程中既能够掌握健美操的基本知识和技能,又能够有效地达到锻炼身体的目的。目前,湖南省健美操教学对象人数较多,身体素质和运动水平参差不齐,而健美操运动相对需要较高综合素质。因此,在教学内容的选择上,特别需要进行筛选,突出重点,并适当地融入拉丁健身操、有氧踏板操、有氧搏击操、形体训练、健身瑜伽、普拉提和健身街舞等多种新兴教学内容。在教学过程中,健美操教师对于技术、技能较高的学生提出较高要求,鼓励他们完成一些难度较大的任务,扩展新的学习内容;而对于技术、技能较差的学生,则应强调打好基础,帮助他们完成力所能及的任务。

### (二)改善硬件设施条件

目前,湖南省场地设施缺乏已成为当前困扰高校健美操运动发展的一个重要因素。改善健美操硬件条件具体包括两点:①政府相关部门应加大对体育场地设施的投资力度,逐步提高健美操场地设施的质量和档次。②学校应该发挥体育的经济功能,广开财源,通过优惠税收政策,大力吸收社会资金、私人资金流向健美操场地设施的建设。

# 第三节 黑龙江省普通高校健美操课教学内容分析

## 一、黑龙江省普通高校体育及健美操选修课开展情况

"最受女生喜欢的体育运动项目为健美操,数据总占比53.1%,就项目特色因素,男生选择此项运动项目是所有运动项目中最少的,数据仅占6.7%。同时,可以看出深受男生热爱的运动项目是篮球、羽毛球及游泳;女生选课率较低的体育项目是足球和田径;受男女学生期望选修度上讲,羽毛球及游泳选课率比较平均,均在25%左右,与项目特色及学生主观能动性相关。"[①]

---

① 谷化铮,常亚婷.黑龙江省普通高校健美操课教学内容优化的研究[J].当代体育科技,2020,10(25):175.

## 二、黑龙江省普通高校学生选修情况

### （一）学生认知调查情况

某种程度上，我国作为一个人口大国，健美操的普及程度与城市发展程度相关，绝大多数学生是在进入大学以后才接触到健美操的学习。学生对健美操的认知来源是体育、教师和同学以及网络，而其他认知来源占少数。

### （二）学生对健美操的学习态度调查分析

黑龙江省高校的健美操运动总体发展较好。其中一般与不喜欢的学生只占总数的16.6%，说明各大高校在健美操教学上已加大了宣传力度，绝大多数学生认可健美操。

### （三）学生选课动机调查分析

学生选修健美操课的期望寄托与其学习健美操课的动机相对应。从学生选择健美操课程的动机来看，首先，选择"健美形体"为学习动机的人数最多，占到被调查学生总数的半数以上；其次，人数较多是"兴趣爱好"，表明绝大多数学生已经意识到参加健美操锻炼对自身健康的独特功能，说明学生有能力给自己准确定位。健美操实践教学内容是实现健美操课程教育目标的保证之一，而健美操课在黑龙江省优化发展受到很多因素影响，其中教学内容是吸引学生选修健美操课的重要因素。

## 三、黑龙江省普通高校健美操课的教学现状分析

### （一）黑龙江省普通高校健美操课的教材使用标准分析

黑龙江省健美操教师大多使用全国统编，部分教师结合本校情况进行个人创编教材；而电化教材是与当下互联网相结合，与纸质教材呈现的内容相似，但以其作为教材，暂时还不能被接受。

### （二）黑龙江省普通高校健美操课的教学方法调查

黑龙江省普通高校健美操课大多数教师选用讲解法与示范法、完整法与分解法及重复练习法，部分教师选择了探究式教学法，依此教法以提高学生的创新思维能力；少部分教师选用了比赛法，利用学生竞争心理以达到教学效果；还有教师选用了多媒体教学法。

黑龙江省普通高校均已开设健美操课，绝大多数学生在大学之前没有接触过健美操，

健美操项目深受高校大学生的喜爱，学生有明确的学习动机，年轻教师较少，本科和硕士学位师资占主体，大多数教师使用统编教材。

## 第四节 内蒙古自治区高校体育教育健美操教学内容的调查与分析

### 一、内蒙古自治区高校体育教育专业健美操课程形式调查分析

内蒙古自治区高校开展健美操课程形式包括专业必修课、专业选修课和专项理论与实践。因此表明，内蒙古自治区高校健美操采用了理论与实践相结合的教学内容方式。由目前高校教学目的和任务来看符合内蒙古自治区高校教学发展走向。

### 二、内蒙古自治区高校体育教育专业健美操课时安排调查分析

内蒙古自治区高校"专业必修课课时安排理论课在 2-8 学时之间，实践课在 32-48 学时之间，专业选修课理论课在 2-8 学时之间，实践课在 32-37 学时之间，专项理论与实践课理论课在 10-12 学时之间，实践课在 244-372 学时之间。根据高校健美操课的教学课时数应'小于 2 学期 64 学时'，这样才能使健美操教师去传授相关健美操知识"[①]。从结果看内蒙古自治区各高校健美操课程的开展符合要求。

### 三、学生参加健美操课程取向与心理

学生参加健美操课程的取向很复杂，概括结果有以下五点：

第一，改善身心健康。健康学生认为健美操能通过健美操运动培养良好的节奏感和韵律感，在改善身体健康的同时也改善了心理状态。

第二，具有娱乐性。娱乐学生认为健美操课程是一门很有娱乐性质的课程。学习气氛不但轻松，而且伴随着音乐很有氛围。

第三，符合兴趣爱好。兴趣学生纯粹喜欢健美操这门课程，健美操课程符合学生兴趣爱好。

第四，提高个人素质。提高运动水平学生认为健美操课程能塑造身形，提高身体素质

---

① 李俊杰. 内蒙古自治区高校体育教育健美操教学内容的调查与分析 [J]. 赤峰学院学报（自然科学版），2013，29（21）：124.

及乐感。

第五，其他学生因为某种原因选择健美操课程，或者出于对健美操课程的好奇而选择健美操课程。

因此，把握学生学习心理取向、学习兴趣，对开展健美操课程教学内容有着积极而现实的意义。

## 四、内蒙古自治区高校体育教育专业健美操课程教学内容调查分析

内蒙古自治区高校专业必修课都以大众健美操1-6级、健美操基本步伐及套路和自编动作作为健美操课程教学内容。专业选修课健美操课程教学内容主要以大众健美操和健美操基本步伐及套路为主。专项理论与实践课程内容涉及的内容比较广泛。这说明：①各高校教师根据学校规定的教学目标和任务将大众健美操、健美操的基本步伐及套路以及教师自编动作采用能体现健美操基本动作构成基本元素，编排、组合进行教学。②啦啦操加入健美操课程教学内容的比较少，一方面是因为教师没有太多时间学习或体育部没有为教师提供学习条件，另一方面是教师认为将大众健美操和健美操基本步伐及套路以及教师自编动作作为教学内容使教学变得简单。③竞技健美操由于难度较大、动作复杂，不适合加入教学内容。④虽然体育教学不断改革，但是旧观念依旧存在。以培养学生身体素质，形成终身体育意识、培养学生创造力为目的的教学目标没有实现。专业选修课课程内容比较单调。专项理论与实践课程内容丰富多彩，比较适合学生学习兴趣和身心发展。

## 五、内蒙古自治区高校体育教育专业健美操实践教学内容调查分析

内蒙古自治区各高校专业必修课实践教学内容主要以大众健美操、身体素质练习、健美操基本动作以及教师自编动作为主。为开发学生自主学习和教授能力，部分学校选择让学生带操、领操等。而有氧舞蹈、踏板健身操则没有在实践教学内容中。专业选修课实践课程内容只涉及大众健美操、身体素质练习和健美操基本动作。专项理论与实践课程内容则包含了大部分教学内容。由此表明：专项理论与实践课程所涉及的内容十分广泛，专业选修课相对于专业必修课课程内容要丰富些。

通过对内蒙古自治区高校体育教育专业健美操理论教学内容调查结果对比表明：专业必修课和专项理论与实践课程教学内容所涉及知识相对专业选修课理论课程教学内容要丰富得多。这就表明：专业必修课和专项理论与实践课程理论教学内容比专业选修课健美操理论教学内容更能充实学生关于健美操的知识。

# 第五节　陕西省高校体育教育专业健美操教学目标与内容对比

## 一、陕西省高校体育教育专业健美操课程的性质与目标

### （一）陕西省高校体育教育专业健美操课程的性质

课程的性质是一门课程的灵魂，关系到教学的内容和学生毕业以后的就业方向。教师掌握了课程性质可以很好地把握教材，讲授知识，提高学生能力，完成教学目标，而学生也能在对这门课程有了一定认知的前提下更好地完成课程要求，真正地获得知识，将书本知识真正转化为学生内在的精神财富，达到教学目标。

通过分析陕西省高校体育教育专业健美操教学大纲，可以得出体育教育专业健美操课程的性质基本都是教学与训练，是为体育教育专业学生专门设定的一门专修课程，清晰地反映出了教学的方向。但大部分高校没有根据学校自身的情况定性课程性质，唯有陕西师范大学根据中华人民共和国国家教育委员会课程计划和陕西师范大学2+2培养模式，结合高等师范院校的特点及该校的实际条件，制定了符合学校自身特色的课程性质。教师在教学中严格根据此课程性质来制定教学内容，学生在大家都具备的共性基础上兼具了自身独有的特性，使本校的学生在现今激烈的社会竞争中多一份优势而脱颖而出，这一点是值得各高校借鉴学习的。

### （二）陕西省高校体育教育专业健美操教学目标对比分析

教学目标指的是教学中师生预期达到的学习结果和标准。这个预期结果和标准是教和学双方都应共同遵循的，对教师来说它是教授的目标，对学生来说则是学习的目标。教学目标在教学活动中处于核心位置，它决定着教学行为，不仅是教学的出发点，而且是教学的归属，同时还是教学评价的依据，它既有定向功能又有调控功能。倘若确立教学目标这个环节出了问题，必将导致教学活动的偏差或失误。因此，必须十分重视目标制定这项工作。

健美操课程的教学目标主要是系统讲授健美操的基本知识、技术和基本技能，从而全面提高学生各项身体素质及心肺功能，改善身体有氧代谢能力，促进机体各组织器官的协调运作，培养学生完成动作的协调性、灵敏性，增强肌肉的力量、耐力及弹性，改善学生

形体，并且还要让他们通过这门课程的学习，能按照体育教育专业适应中小学教学的要求，成为一名具有一定的创编、领操及教学能力的合格人才，并具备一定的裁判技能。而对于专业体育院校来说，西安体育学院要求学生通过学习达到健美操二级运动员标准，这是就运动员自身条件的要求要比其他综合类院校更高一层。

## 二、陕西省高校体育教育专业健美操教学内容对比分析

### （一）理论教学部分对比分析

1. 理论部分各高校的共性

陕西省高校健美操课程理论课教学内容都包括：健美操概述（健美操的概念、健美操的起源及发展、健美操的分类、健美操的特点及健美操的作用）；健美操的创编；运动的损伤与预防；健美操教学法；健身健美操的竞赛规则及裁判方法；竞技健美操简介、竞赛规则及裁判方法等。这充分体现了健美操专业对于该专业学生的共同要求，也就是健美操专业的学生都要达到的专业程度。

2. 理论教学的个性特色分析

"西安体育学院是理论教学涉及面最广、也是相对最全面的一所学校，除了各高校共有的涉及领域之外，更是开设了音乐的制作和剪辑，以及健美操动作简图的绘制方法这两门，这就使学生在今后的教学及编排中不再局限于共有的死板的音乐，他们可以根据动作和场合的要求制作出既独特又新颖的符合自己要求的音乐，使学生和观众有眼前一亮的新颖感；动作简图的绘制使观看者能更快地参透动作要领。这两点是其他学校需要借鉴的。延安大学独有的电化教学，与理论知识相结合，动态的体现课本知识，加强学生更深层次的理解和体会，成为该校理论教学的一大特色。"[1]

### （二）技术教学部分对比分析

1. 技术部分共同特点分析

陕西省健美操技术教学设计范围有一些共同部分：都会涉及健美操的基本步法、手臂，大众健美操1-6级，竞技健美操套路，啦啦操套路教学，以及其他风格的健美操套路。总体来说，其教学内容大同小异。

2. 技术教学个性优势对比分析

西安体育学院和陕西师范大学更注重学生的能力培养，这两所高校将对学生关于技术

---

[1] 冯梦娇，张智颖. 陕西省高校体育教育专业健美操教学目标与内容对比分析 [J]. 延安大学学报（自然科学版），2015，34（2）：101.

方面的能力培养要求简要清晰地罗列出来，使教师在教学过程中能更加清楚自己的教学内容和教学目标，及通过教学使学生要达到的一个水平。就内容广泛度来讲，西安体育学院和延安大学所教授的套路越多，学生学到的知识也就越多，这就为学生以后在社会实际应用上提供了广泛的元素和材料，为学生步入社会奠定了坚实的基础。延边大学专门开设的技术电化教学课，在每学期都会就这学期的所学内容安排视频观看讲解，使学生能更好地理解动作要领和技术，学习起来也就更容易理解和接受，这是值得其他各高校学习的地方。

## 第六节 普通型高校和应用型高校健美操类课程教学内容规划建设对比

绝大多数高校在校园公共必修和公共选修项目中加入了健美操课程，这在很大程度上为该项目的发展奠定了很强的群众基础，但在健美操课程的发展过程中也逐渐暴露了很多问题，如课程内容建设以及课程内容规划不系统、不完善，缺少近期和远期的课程规划建设，课程内容设置存在很大的随意性，传统老套的健美操内容、年代久远的健美操内容也反复出现在公共健美操课程中，内容更新及内容创新方面存在滞后现象，等等。在这种现实情况下，需要对普通型高校和应用型高校健美操课程内容的规划建设进行对比研究，以更好地指导健美操课程在高校的开展，也为从事这一专业的体育教师、工作者提供借鉴。为了统一概念，此处将健美操及相近课程（包含健美操、啦啦操、街舞、交谊舞、体操、形体课、拉丁等课程）统称为"健美操类课程"。

下面将山西省2所高校健美操教师作为调查对象，包括普通型高校太原师范学院（以下称"普通型高校"）、应用型高校山西应用科技学院（以下称"应用型高校"），全面了解2所高校健美操类课程的实际开展情况。

### 一、高校健美操类课程开展情况

#### （一）教师专业情况

"对普通型高校健美操教师的调查显示，健美操负责人共2人，占调查人数的13.3%；对应用型高校健美操教师的调查显示，健美操负责人共1人，占调查人数的6.7%。这说明普通型高校和应用型高校在健美操类课程发展、建设等方面都有专业人员负责，为健美操类课程的发展、教学内容的规划建设提供了组织基础，2所高校在教研室或是专业负责人的带动下能很好地贯彻执行健美操类课程内容改革和规划建设。"①

### (二)健美操类课程开设情况

普通型高校和应用型高校均开设了健美操类课程。其中，普通型高校未开设健美操类公共必修课程，而应用型高校开设了健美操类公共必修课程；普通型高校和应用型高校均开设了健美操类公共选修课程。

### (三)教师参与本校健美操类课程教学任务情况

应用型高校教师参与过健美操类公共必修课程的教学任务，参与人数占调查人数的93.3%。从教师参与健美操类公共选修课程调查情况来看，普通型高校教师参与过该项教学任务，参与人数占调查人数的33.3%；应用型高校参与人数占调查人数的80%。从整体来看，应用型高校教师在教学任务参与方面明显多于普通型高校。

## 二、高校健美操类课程建设发展规划情况

### (一)普通型高校健美操类课程建设发展规划情况

普通型高校在健美操类课程发展过程中，其开设种类不是很全、内容不是很丰富，如拉丁课程、街舞课程、体操课程、形体课程均没有开设记录。在健美操、啦啦操、交谊舞、其他类型课程开设的过程中，课程类型均设置为公共选修课，并没有开设公共必修课程，所有开设课程的考核方式均为考查形式。以上课程除交谊舞课程考试结构为小组自编考核外，其余课程均为规定套路考核。

### (二)应用型高校健美操类课程建设发展规划情况

应用型高校在健美操类课程发展过程中，开设项目种类较多、内容较丰富。其中，健美操和啦啦操课程既开设了公共必修课也开设了公共选修课；体操课程的类型为公共必修课；拉丁课程、交谊舞课程、街舞课程、形体课程和其他类型课程均为公共选修课。以上所有课程考核方式均为考查形式。在考试结构调查方面，除体操课程为规定套路考核外，其余课程为规定套路考核再加小组自编考核。可以看出，应用型高校健美操类课程的考试结构多元化、考核形式多样。

---

① 闫惠斌.普通型高校和应用型高校健美操类课程教学内容规划建设对比研究——以山西省2所高校为例[J].青少年体育，2022(6)：117.

# 第七节 高校体育教育专业健美操专选课教学内容研究及优化

健美操是一种集体育、音乐以及舞蹈于一体的体育运动项目，自 20 世纪 80 年代传入我国就一直深受大众喜爱。提升体育教育专业健美操专选课的教学质量，培养全方位的专业健美操人才就成为健美操工作者的追求目标。本节通过对体育教育专业的健美操专选课的教学现状进行分析，寻找其中存在的问题，优化体育教育专业健美操专选课的教学内容，力求提高健美操专选课的教学质量。

## 一、高校体育教育专业健美操专选课教学内容的研究

### （一）体育教育专业健美操专选课理论教学内容的分析

理论指导实践告诉我们所有项目的教学都需要理论知识的支撑。体育教育专业是为培养我国基层体育教师的，所以在技能教学的同时也要注重理论知识的传授。不同学校对健美操理论课教学内容的选择是不一样的，不同的学校对体育教育专业的健美操专选课的理论教学内容的选择是有所差异的。造成这样的事实现象存在的因素是多方面的：首先，没有统一的教材使得每个学校对于体育教育专业健美操方向选择的多样性；其次，体育项目的学习多源自项目本身的强化练习，所以相对健美操实践教学时间来看，理论教学的时间无法得到保障；再次，各学校健美操教师的教学水平和技能水平的差异造成教师对于健美操项目的理解与认识的不同；最后，体育教育专业学生的学习能力也是教师选择健美操理论教学内容的重要影响因素。

### （二）体育教育专业健美操专选课实践教学内容分析

体育项目的学习是依靠大量的技术动作练习来完成的，因此，在各学校的体育教育专业的项目类的学习过程中，项目的实践教学占据绝大多数的教学时间。所以健美操专业课的实践教学对于体育教育专业健美操方向的学生尤为重要。健美操专选课的实践教学内容选择应该根据学生的自我需求以及社会的消费需求来决定。不同学校的体育教育专业健美操专选课的实践教学内容也是有所差异的。造成这样的事实现象存在的因素是多方面的：首先，高校健美操教师的职业技能水平有高低，所以健美操专选课的实践教学内容选择侧

重点不一样；其次，学生的学习接受能力不一样，也造成了教师在健美操专选课的实践教学内容选择难易度不一；最后，基于社会的需求，造成部分教师选择了当下流行的项目进行教学。

### （三）社会对体育教育专业健美操方向学生的社会需求分析

高校体育教育专业是为我国培养基层体育人才的摇篮，换言之，社会的需求才是真正决定高校培养什么样的人才。所以为了更好地优化和设计高校体育教育专业健美操方向的专选课教学内容我们必须基于社会需求的大背景下，通过调查发现高校体育教育专业健美操方向学生的毕业去向大多数为学校、健身俱乐部和社区体育中心等，所以将基于这三方面的人才需求进行分析。

### （四）学校对于体育教育专业健美操方向学生的需求

目前，高校体育教育专业健美操方向的学生毕业后大多数进入了乡镇、农村的中小学，少数人进入了城市的中小学。目前学校对于高校体育教育健美操方向的学生在教学能力、训练带队竞赛的需求比较大。

## 二、高校体育教育专业健美操专选课教学内容的优化

### （一）体育教育专业健美操专选课教学内容的优化建议

理论指导实践，所以在对于高校体育教育专业健美操专选课的优化设计将基于教学过程最优化理论背景下进行。因此，在体育教育专业健美操专选课的教师在选择教学内容时一定要多方面兼顾，突出健美操课程的特色。强调学生动作创编能力的培养和韵律感以及艺术表现力的提高。

### （二）体育教育专业健美操专选课教学内容优化的要求

高校体育教育专业健美操专选课的优化必须考虑体育学科的发展，要抓住项目教学对体育文化传播的作用；同时教育的主体是学生，所以无论何时何种教育都必须基于学生的发展进行，因此，在选择体育教育专业健美操专选课教学内容时必须考虑学生的切实需要。学校培养的人才最终都是走向社会服务群众的，所以脱离社会需求培养人才是不切实际的。因而高校体育教育专业健美操专选课教学内容必须紧密结合社会需求。

### （三）体育教育专业健美操专选课教学内容优化的原则

高校体育教育专业健美操专选课教学内容选择优化时做到教学内容的完整性、教学内

容的科学价值和实践标准、教学内容符合学生学习的标准、教学内容符合学习时间的标准、教学内容符合国际潮流以及教学内容符合教学能力以及学校教学条件的标准。

### （四）体育教育专业健美操专选课教学内容的优化策略

高校体育教育专业健美操专选课的优化选择必须基于学生和社会的需求，选取合理的教学内容这样既满足学生的学习兴趣同时还能为学生将来就业打下基础；高校体育教育专业健美操专选课的优化选择必须强调理论课程和实践课程的时间安排，这样才是完整的健美操教学；高校体育教育专业健美操专选课的优化选择必须基于教师的个人能力进行，这样才能最大程度地保障教学过程的效率；高校体育教育专业健美操专选课的优化选择必须强调学习内容的主次之分，重点突出主要部分，选择性进行次要部分的教学，加强学生的创新创编能力的培养，这样才能更好地选取教学内容，才能最大限度地提高教学质量。

高校体育教育专业健美操专选课的理论教学内容以健美操运动的起源与发展、健美操的创编以及健美操运动的概念与分类这三方面为主，健美操运动的科学理论基础、健美操绘图以及健美操音乐的选择与剪辑这三方面选择较少；实践教学内容以大众健美操、健美操基本动作和单人竞技健美操这三方面为主，踏板健美操、哑铃操以及排舞这三方面的实践教学内容选择较少。学生的就业选择大多数以学校、健身俱乐部和社区体育中心为主。

高校体育教育专业健美操专选课的优化选择须考虑学生的个体差异，因材施教，鼓励和引导学生个性发展；高校体育教育专业健美操专选课教师的个人综合能力必须不断进步和更新。

## 第八节 高校公体健美操课教学内容与教学考核改革

随着时代的发展，健美操课有了不同层面的发展。随着对健美操的认知水平的深入，学生对健美操学习的需求在不断变化。健美操教学自身是不断发展完善的。教学模式可以定义为是教学活动结构框架和活动程序。突出了教学活动整体及各要素之间内部的关系和功能及其有序性和可操作性。现有的健美操教学模式中，教学目标具有单层面的基本技能局限性，教学内容基本套路的单一性，教学方式课堂为主传统教学方式的落后性，评价方式只重视结果的综合评价性。

时代的发展、学生的需求、健美操课程自身的发展，都要求对健美操教学的改革势在必行。教学内容是整个教学活动的主要信息的传递，促进师生间交流、服务与教学目的的素材与信息，培养习惯和行为的总和。教学评价是依据教学目标对教学过程及结果进行价值判断并为教学决策服务的活动，是研究教师的教和学生的学的价值的过程。通过对教学内容与教学评价的改革，带动教学目标指导思想的变化，使整个教学模式进行变化，促进健美操教学的不断发展与完善。

## 一、高校公体健美操教学内容的改革

### （一）依据教学需求制定教学内容

健美操教学内容是实现教学目标的重要基础，也是师生开展健美操教学活动的依据。由高校公体健美操教学现状可知，一方面，健美操教学以实践技能课为主，并且多为千篇一律的健美操套路教学。因此，对健美操教学内容的改革，必须克服这些现状问题，既要提高实践技能课内容质量，又要增加健美操教学内容的完整性与系统性，使学生能够全面接触健美操运动体，验健美操运动的健身性娱乐性终身性。另一方面，健美操教学完全依赖于课堂教学，这既是由于教学内容原因，同时也限制了教学内容的改革。虽然高校公共健美操课是针对普通学生开设的，但是既然作为一门学生选择的课程是有一定的兴趣、爱好依据的，所以高校教学内容，就有必要给学生传授完整的、系统的知识。

### （二）教学内容体系的构建

健美操教学内容必须具有全面性，不仅包括健美操理论、技能等知识的全面性，也包括健美操与其他相邻学科、交叉学科知识共联的全面性。健美操教学内容同时也应该实现课堂内外一体化相结合，并且实现课堂教学内容的必要性，以及课下教学内容的广泛性与针对性。

将健美操的教学内容分为课堂教学内容与课外教学内容、理论学习与技能学习综合体系。课堂教学过程中，对于健美操的理论知识学习坚持全面系统。主要是对健美操的发展历程、基础知识、创编知识训练、基本知识与健美操鉴赏。从健美操的基本认知，适应学习，鉴赏训练等环节；对技能的学习坚持，由易到难到发散，基本动作的学习到成套套路，再到尝试创编以及基础的形体力量练习。使学生形成完整的、系统的健美操理论与技能知识。

在课堂教学中增加了健美操相关的啦啦操、健身街舞、健身瑜伽等内容，从理论与技能方面主要是提高学生基本认知，包括以基础知识与基本动作及简易组合为主，辅助对健美操的交叉发散学习。课外教学内容的学习中，健美操的理论学习与技能学习主要是对健美操进行课堂外发散性的学习。辅助以体育舞蹈、拉丁舞、体操技巧等，与健美操有联系且有一定难度的运动项目。

在实际教学过程中，对于教学内容的筛选以及教学实际安排，可根据学生需求及学校配套设施进行选择性教学。并且结合教学内容体系对教学的、知识基础基本动作进行合理有效的选择。全方面系统性的健美操教学内容，有利于激发学生学习兴趣，提高系统认知，将健美操运动持续发展为终身体育健身项目。

## 二、高校公体健美操教学评价的改革

教学评价的考核系统是对教学效果的反馈，主要包括考核范围、考核形式、考核方法、考核内容等方面。良好的教学评价有利于调整教学环节的组织教法，提高教学质量。已有的健美操教学评价存在内容单一、方式传统、缺乏系统性等问题。建立新的健美操教学评价，需要结合健美操教学内容体系，从考核范围、考核形式、考核方法、考核内容等方面进行评价。

健美操教学评价分为课堂教学效果评价与课外教学效果评价两大部分，教学考核范围中，依据健美操以及其他项目的特点、课堂教学与课外教学的要求。

健美操的考核范围，主要包括理论知识运动技能以及一定的体能与平常表现；其他项目的教学主要是以运动技能、自主学习为主。在考核形式方面，主要采用学生自评、学生互评与教师点评方式，在健美操项目过程中结合这3项方式进行课内课堂、课外的评价。对于相关项目，根据学生兴趣主要进行学生自评为主。并且采用周考、月考、结考等以时间段为主的考试形式，以赛带教。以总结的形式进行，每次的周考、月考运用于其他项目相关的课堂内外的考试中，最后结考中健美操以考核为主。在考核的方法方面，主要采用表演比赛和作业，课外教学主要是以自主性学习的作业为主；课堂还进行健美操的表演与比赛，及其他以表演为主的项目。

考核的内容方面，课堂教学中，健美操部分主要有理论笔试、规定套路、分组自编套路、一节课外教学中的单人自编套路。主要考核学生的基础理论知识与运动技能。而体操相关项目的考核内容主要是以学生兴趣相关选择的单个项目的一套完整套路为主，课堂教学考核以及自发性的学习、感悟为主的课外教学考核内容。

健美操教学考核体系，是根据教学内容以及学生的学习需求多元化进行构建，在实际教学中，将教学考核中的各项指标灵活运用于课堂内外教学，提高教学质量。

## 三、高校公体健美操课教学内容与教学评价改革的作用

高校健美操课教学内容与教学评价的改革，对于整个教学活动，以及学生自身有重要的作用。学校教学活动方面，教学内容与教学考核的改革，有利于教学指导思想、教学方

法及教学过程的优化，推动了整个教学模式的改革，是提高教学质量的基础。高校学生方面，健美操课教学内容与教学评价的改革，有利于提高学生自主学习的积极性，使学生由"要我学"到"我要学"的转变。

健美操运动有利于塑造形体、调节心情、改善身体器官机能等生理方面和心理方面的功能。学习健美操能够加强个人的内在美和外在美的塑造。建立完善的健美操知识体系，激发学生学习健美操的兴趣；建立完善的健美操教学体系，能够满足学生学习的需求与可持续发展的动力。激发运动动力，形成终身体育观念。完善、系统的学习健美操及其相关项目，能够促进学生养成良好的运动习惯，使学生乐于参加运动，逐渐形成终身健身、终身体育的观念。

# 第六章 高校健美操教学的内容创新与拓展

## 第一节 高校健美操教学内容体系的"主题单元"构建

### 一、高校健美操教学中"主题单元"的构建作用

"主题单元"是指根据体育课程标准学习领域目标及相关的活动与内容，围绕教学目标，把教学内容以单元的形式有机地联系起来，采用相互联系的若干教学环节，达成预定的教学目标，并把运动参与、运动技能、身体健康、心理健康和社会适应5个领域目标融合于教学活动之中，主要作用如下：

第一，"主题单元"教学内容构建能够将教学目标具体化，能将教材内容和教学方法手段进行优化选择和整合。

第二，主题单元使学科知识的学习走向综合化，这意味着学生在学习过程中，设法在各主题里建立有机的联系，对所学的知识有一个综合的认识。

第三，主题单元能够对某一主题进行系统的、有针对性的学习，易于调动学生学习的积极性，集中掌握和深化主题。

第四，主题单元的构建也是一个动态的过程，在内容的选择和教学上更加灵活机动，针对性和时代性强。

第五，主题单元是以学科内容为基础，结合学生经验和社会现实构成的相对稳定的教学单元，同时有利于解决学科知识，不断增多与教学时数相对稳定的矛盾。

### 二、高校健美操教学中"主题单元"的构建依据

高校健美操教学中"主题单元"的构建依据主要是建构主义学习理论，是关于人类学习过程认知规律的理论。以皮亚杰为代表的建构主义者重新认识到了学习者在学习过程中的主导地位，他们强调知识不是通过教师传授得到的，而是学习者在一定的情境，借助学习和他人（教师和学习伙伴）的帮助，利用必要的学习资料，获得认识事物的性质、规律以及事物之间的内在联系。建构主义学习有利于调动学生自学、自练的积极性，有利于增

强学生的社会适应能力；有利于提高学生运用知识进行实际操作的能力。它为高校健美操教学内容体系的"主题单元"构建提供了有力的理论支撑。

### 三、高校健美操教学中"主题单元"的构建动力

随着社会的进步和科学技术的迅猛发展，人们的物质生活得到了极大的改善与提高，人们比以往拥有了更多的余暇时间。健身、健心、健美等目标已成为当今人们时尚的追求之一。健美操由于其表现形式新颖、音乐节奏鲜明、时尚动感、健身效果显著，且不同年龄、不同性别、不同体质的人都能找到适宜风格和适宜强度的健美操方法进行锻炼，现在已成为我国全民健身最受欢迎的第二大项目。

当前，健美操的种类和练习形式呈多样化发展趋势，学校教学的脚步已经远远跟不上社会个性化的需求。围绕学习目标而选择的教学内容，构建开放性、多角度、灵活多样的内容体系是顺应社会发展潮流的，同时也为高校健美操教学内容体系的"主题单元"构建提供了动力。

### 四、高校健美操教学中"主题单元"的构建体系

#### （一）单元一：常识系列（4学时）

单元目标：①了解并掌握健身原理、评价锻炼效果、设计运动处方；②了解并掌握健美操学科知识；③赏析健美操。

教学内容：①健身知识；②科学健身的原理；③学科知识；④健美操概述。

教学方法：①教师讲授；②音像资料欣赏。

评价方式：自评。

#### （二）单元二：基础系列（12学时）

单元目标：①初步了解健美操基本步伐、手臂动作及身体动作。②掌握运用健美操手段发展柔韧、力量、耐力等素质的方法。③进行基本姿态训练，掌握进行姿态训练的方法，培养正确的身体姿态及良好气质。④熟悉健美操音乐的风格、特点。

教学内容：①直立姿势。②芭蕾舞的手位和脚位。③把杆训练。④基本步伐。⑤手臂动作。⑥素质练习方法等。

教学方法：①教师讲解。②学生模仿、练习。

教学重点：①基本步伐。②基本姿态。

评价方式：①由教师考评素质练习的方法。②自评基本步伐的掌握情况。

## （三）单元三：大众有氧健身系列（8学时）

单元目标：①掌握健美操的基本技术、技能，提高学生的身体素质。②了解并掌握健美操基本步伐。③熟练掌握大众有氧健身操的锻炼原则及方法。④培养终身体育意识。

教学内容：大众有氧健身操。

教学方法：①教师领做，学生模仿。②音像资料赏析。

教学重点：①基本步伐。②大众有氧健身操。

评价方式：自评健美操基本步伐及运动能力。

## （四）单元四：套路系列（16学时）

单元目标：①提高学生的身体素质，掌握健美操的基本技术、技能。②进一步了解并掌握健美操基本步伐、手臂动作及对应的组合。③熟练掌握所授健美操套路。④加强节奏感、美感的培养，培养学生的审美能力及对音乐节奏、乐句的感知力。⑤培养学生互帮互学、充满自信、敢于表现的作风和精神。⑥培养正确的身体姿态及良好气质，塑造健美体形。

教学内容：①步伐。②大众健美操等级套路。③表演健美操套路。④健身健美操套路等。

教学方法：①教师讲解，学生模仿、练习动作。②小组团队与集体相交叉的练习。③表演与练习相结合。

教学重点：①基本步伐。②表演健美操套路。

评价方式：①以小组为单位考试健美操套路。②教师随堂考查基本步伐。

## （五）单元五：时尚健美操系列（12学时）

单元目标：①提高学生的身体素质，掌握健美操的基本技术、技能。②拓展健美操知识，了解并掌握时尚健美操套路及风格。③培养学生感知与体验、创造与表现、交流与合作等能力。④培养学生健康的审美情趣，塑造健全的审美人格。促进多种运动能力和人文素养的全面发展。

教学内容：①拉丁健美操基本动作及组合。②街舞基本动作及组合。③跆搏基本动作及组合。④瑜伽姿势及健身原理等。

教学方法：①音像资料赏析。②自学教材知识，使学生了解动作技术及特点。③教师领做，学生模仿。④课堂讲授与表演相结合。⑤优秀生的示范带头作用。

教学重点：时尚健美操风格的把握及表演。

评价方式：①以小组为单位进行组合的表演。②小组互评，教师点评。

### (六)单元六：创编系列(12学时)

单元目标：①了解并掌握健美操的创编原理及5种基本方法。②了解成套动作创编过程，能创编简单的健身健美操，使学生初步具备创编健美操单个动作和组合动作的能力。③能针对创编要求选配合理的音乐。④培养和提高学生自编、自跳、自练的能力，为终身体育打下基础。⑤提高学生的创新能力，培养学生互帮互助、团结协作的合作精神。

教学内容：①操化动作的创编；②音乐选配；③节奏变化的创编；④队形图案的创编；⑤造型的创编。

教学方法：①通过"范例性教学"，使学生掌握从个别到一般带规律性的知识和方法，培养和发展独立学习、独立解决问题和创造性思维的能力。②教师布置课外作业自学教材知识，使学生了解动作技术及其结构体系。③采用相应的教学方法进行活动，师生共同努力完成教学任务。

教学重点：①健美操创编5要素。②创编、表演健美操组合。

评价方式：①课堂提问。②对学生的创编组合师生共同评价、教师点评。

在实践教学中，高校健美操教学内容体系的"主题单元"构建有利于激发学生的学习兴趣，提高学生运用所学知识进行健身及表演的能力，促进学科知识与实际操作能力的有机结合。健美操教学内容选择的六个单元指向是不同的，它们有着各自的着眼点：单元一从健身知识和学科知识切入，强调理论的讲授；单元二从基础训练切入，重视姿态、动作、能力的训练；单元三与学生终身体育意识牢牢结合，重点培养学生与社会现实生活的联系，为将来从事体育锻炼打下良好的基础；单元四通过典型的动作和成套组合，使学生掌握从个别到一般带规律性的知识和方法，让学生去深入了解健美操的本质，把握健美操的基本规律；单元五将健美操引入社会，吸取最新的健身理念，培养学生对项目发展的关注；单元六强调创编实践，着重培养学生的创造能力和探究式学习的能力，促进学生的全面发展，这也是进行健美操教学的最终目标。

## 第二节　高校体育专业健美操教学内容体系"超市化"构建

随着社会经济改革的逐渐深入，现代科学技术的迅猛发展，国际合作的广泛加强，学校教育领域的各项改革不断被推进和深化，各级各类教学中的优质资源不断被拓展，高校体育作为学校教育的重要组成部分，在近年来发生了很大的改革和变化。高校健美操教学也正朝着教学目标的多元性、教学指导思想的健康性、教学内容的多样性与可接受性、组织教法的灵活性、教学思想与教学形式的开放性等方面发展。

基于此,高校健美操的教学内容体系进行"超市化"的构建,即以教学目标为指导思想,以"三自主"模式为构建方式,以社会需求为培养导向,以项目发展为构建动力,以学生兴趣为构建参考,以发展学生教学能力、编创能力与团结协作能力为主要核心,以提高学生艺术审美素质为隐性延伸,构建适应当前学校健美操发展所需的教学内容体系。

## 一、高校体育专业健美操教学"超市化"构建的内涵

"超市"也叫"自选商场",指的是现代社会人们喜欢的一个大型综合购物场所,它提供充足且琳琅满目的商品,商品向大家敞开开放,顾客可以自由地选择自己所需的商品。超市具有五个特征:①商品种类齐全。②服务周到快捷。③管理完善高效。④价格公平合理。⑤品牌与连锁标准。准确的目标市场定位是超市经营成功的基础,鲜明的商品特色是超市创新的核心,快速的商品流通是超市拥有活力的根本,全面的人性化服务是超市持续发展的关键。

学校教育包括高校体育作为服务贸易的一部分,其追求的境界与超市有异曲同工之妙,即充分尊重学生的权利,以学生健康为本位,以学生发展为中心,以促进学生自主学习为目标,提供多层次、高质量和足数量的教育,来满足学生需要;并且注入"人文理念"和"可持续发展"策略,实行全方位和立体化的快速发展。高校体育专业健美操教学内容体系的"超市化"构建正是以超市经营管理运行方式为构建理念,科学、系统地组建与联合高校体育专业的健美操教学过程中的各项内容和各个环节,在体系中明确教学目标,凸显教学内容特色,强调学生主体意识,为目标的达成、教学内容的掌握与应用及学生主体作用的充分发挥寻求快速的通道。

高校体育专业健美操教学内容体系的"超市化"构建的出发点是基于学生需要的充分满足,这势必就要求在教学内容体系当中,所提供的健美操方面的知识数量应该是足够的,知识种类应该是齐全的,教学方法与组织形式应该是开放的,教学管理应该是民主的,教学评价应该是客观的,教学质量应该是优质的,教学机制应该是激励的,教学的改革发展应该追求不断更新与完善。

## 二、高校体育专业健美操教学"超市化"构建的依据

### (一)以社会需求为导向

随着社会的进步与发展,现代社会正从传统的工业经济时代向知识经济时代转变,信息时代的来临和激烈竞争的快节奏工作使得人们的价值观念与生活方式发生巨大变化,科

学技术的迅猛发展，生产力水平和生产效率的不断提高，使得人们的物质生活更加丰富多彩，人们的生活水平与生活质量得到了很大的改善和提高，人们比以往拥有了更多的余暇时间，并把健身、健心、健美等作为一种时尚的追求。健美操由于其表现形式新颖、音乐节奏鲜明，充满活力，健身实效性显著，且不同年龄、不同性别和不同体质的人都能找到适宜风格和适宜强度的健美操方法进行锻炼，现在已成为我国"全民健身"最受欢迎的第二大项目。

与此同时，当前社会市场经济完全打破了"统分"的就业制度，而是采取通过人才市场、双向选择、自主择业或创业等方法，体育教育专业与其他专业的就业状况相比，总体就业形势不容乐观，健美操因为目前在社会上开展广泛，健美操人才的需求量随之增多，需求种类也随之扩大，除传统的学校教师教学人才外，还包括能胜任大众健身指导的社会健美操指导员，能从事时尚性健美操内容指导的专业健身教练，能进行个别指导的健美操私人教练或健身顾问，等等。对于体育专业的学生来说，具备一定健美操方面的知识与能力，能拓宽他们就业的途径，加重他们成功就业的砝码。而健美操课是学生学会、学懂和学好各类健美操的途径之一，是增强他们就业竞争力的良好学习场所。因此，有必要创新构建一套适应社会需求的、针对性较强的健美操教学内容体系。

**（二）以项目发展为动力**

随着健美操运动的迅猛发展，健美操的种类和练习形式呈多样化发展趋势，项目种类也越分越细，个性化服务要求越来越高，出现了许多与竞技性健美操风格迥异的时尚健美操内容，如矫健阳刚的"搏击健美操"、操舞相融的"拉丁健美操"、别有神韵的"瑜伽健美操"、活力四射的"街舞健美操"和轻柔曼妙的"健身球操"等。健美操项目的自身发展丰富了学校健美操的教学内容，让同学们自由选择健美操学习，同时也为高校体育专业健美操教学内容体系的"超市化"构建提供了物质源泉。

**（三）以学生兴趣为参考**

兴趣是一种发自内心的潜在意识，它可以激发学生本身的自主性和求知欲，变学生的被动学习为主动学习，变枯燥无味的学习为乐趣无穷的学习。为此，建构体系中的教学内容选择要从学生兴趣出发，以学生兴趣为参考，有针对性和层次感地进行编排设计，构建学生普遍易接受、感兴趣和乐学习的教学系统知识。

**（四）以提高学生艺术审美素质为延伸**

实施素质教育，必须把德育、智育、体育、美育等有机地统一在教育活动的各个环节中。因此，在体育教学过程中实施艺术素质教育，在健美操课中促进学生的艺术审美素质的延伸发展，促进体育教学与艺术教育、审美教育的相互渗透、融合、协调发展，是新的社会环境下对人才综合素质培养新要求的一种集中体现，在高校体育专业健美操教学内容体系的构建中也必须贯彻这一思想。

### 三、高校体育专业健美操教学"超市化"构建的体系

#### （一）服务承诺：教学目标设定

几乎国内外所有知名超市在建立之初就会确立自己的服务承诺与宗旨，并会严格秉承和遵守，如家乐福的"开心购物"宗旨；新一佳始终坚持的"创新、服务、满意、第一"理念等。高校体育专业健美操教学内容体系构建时也与超市相似，把教学目标作为构建的"第一要务"，以目标达成作为自身发展的评价标准。

高校体育专业健美操教学目标为：①系统学习健美操基本理论知识、技术和技能。②学习健美操基本动作与步伐，掌握健美操基础套路，拓展时尚内容学习知识面。③初步掌握大众健美操创编方法与领带技巧，培养学生教学与创新能力、探究能力、组织指挥能力与团体协作能力。④加强身体素质训练，培养良好的身体基本姿态和健康锻炼意识。⑤提高学生的专业艺术素养，提升学生对健美操的欣赏水平。

#### （二）货品上架：教学内容设计

超市中琳琅满目的商品都会按类按量地上架销售，这既有利于货品的优化整合，及时做到货品补充与更新，又能方便顾客有针对性地集中筛选，最大限度地满足个人需要。高校体育专业健美操课具体教学内容也如同超市中的商品一样，根据健美操项目特点，科学而有逻辑地分类排列和层次设计，尽可能满足学生的个性需要。教学内容的设计主要表现在以下方面：

第一，基础性学习。健美操基本理论知识、基本步伐与动作组合等内容是健美操项目的基石，要想真正学好健美操，扎实的基础知识学习是不可逾越的必经过程。

第二，多样性选择。在完成基础知识的学习以后，根据学科项目特征教学内容被分为大众健身类健美操、竞技训练类健美操和时尚拓展类健美操三类主线，其中每类主线中都包含有与之相匹配的子项目，学生这时需根据自身兴趣、个人需求选取一类主线及该类主线下的若干子项目进行学习。

第三，层次性递进。健美操学习合乎逻辑地遵循四个阶段：基础夯实阶段、主体构建阶段、融会贯通阶段和编排创新阶段，各个阶段并无严格的界限划分，但必须体现出依次的层次递进。

第四，优势性整合。各类选入的教学内容经过优化整合，确立了各自的优势特色，保证了教学资源的质量与精髓。

### （三）导购指南：教学组织安排

在超市购物时总能时不时看到简明扼要的推销广告，一目了然的图标提示及穿着统一的导购人员来引导顾客购物消费，这既能在一定程度上诱发顾客们的消费欲望，增加利润和收益，又能保证顾客在消费时便利快捷，确保有序和安全。在高校体育专业健美操课教学过程中，科学合理的教学组织安排就能起到与之相对应的作用，其中包括了为教学内容实施的教案设计、教学方法运用和教师的目的性组织等。

### （四）网上卖场：远程教育技术辅助

成熟的超市企业一般都拥有自己的网站主页，越来越多的规模化超市都开始依托网络信息平台优势开办网上卖场或网上商店，与顾客进行"可预选性"的、"一对一"的和"足不出户"的销售服务，这不但拓展了传统的超市消费概念，扩宽了销售渠道，而且极大地方便了顾客群体的需求。高校体育专业健美操教学内容体系也完全可以引入远程教育技术进行辅助教学，那样学生就可以随时在网上进行课前预习、课后复习、网上提问，教师及时进行网上答疑等双向互动活动，扩充教学方法与教学途径。

### （五）跟踪服务：教学跟踪反馈

几乎每个超市都会设置一个顾客意见反馈平台来对本超市的商品质量、服务态度、卫生状况等综合因素进行评价，超市及时总结这些问题并加以调整、修正和完善，而且会始终坚持"反馈—总结—调整或修正—完善—再反馈"的评价过程不断循环往复，保证超市的持久发展。在高校体育专业健美操教学内容的构建中，也应及时反馈信息，全程服务，充分发挥这种反馈效应来提高构建效果。

## 第三节　普通高校健美操形体教学的内容设计

### 一、把杆形体成套设计

#### （一）把杆形体练习的主要依据

健美操把杆形体练习内容的构成依据主要源自健美操项目的特点、形体的特点以及普通高校学生的特征。

从健美操运动技术来看，它的动作幅度大，动作有力，并且是在快节奏情况下完成各种跳跃、转体、屈伸、劈叉等动作，因此在健美操运动中，对下肢的要求更为突出，则体现为腿部肌肉的力量、关节的灵活性以及韧带的软开度。

形体练习与健美操相比较，它们并不完全等同，但是在一定程度上有着密切的联系，如身体形态的要求、美的感受以及音乐节奏的掌握等。因此，对于普通高校学生来说，在普通高校课堂当中更需要把杆形体练习，而且把杆形体练习是必不可少的核心部分。

### （二）把杆形体练习的基本原则

1. 循序渐进原则

在健美操把杆形体练习中分为了踝关节、膝关节、髋关节（控腿、大踢腿）和腿部综合性练习等四个小部分，每小部分都是由八个八拍组成。在节奏上，前四个八拍都是二拍一动，后四拍都是一拍一动，不仅锻炼学生对节奏的掌握，而且避免学生一开始练习时难以跟上节奏的局面。

从动作幅度上看，第一部分的踝关节练习包括：擦地、提踵、移重心、原地画圈等；第二部分膝关节练习包括：下蹲、弹踢、提膝、立转等；第三部分包括：前、侧、后控腿和前、侧、后踢腿；第四部分为腿部综合性练习，是前三个小部分的综合，为接下来的健美操练习作下很好的铺垫。因此，它遵循着动作幅度由小到大、节奏由慢到快、动作由简单到复杂等循序渐进的原则，且每一个技术动作都是为下一个动作作为坚实的基础衔接完成的。

2. 强度适中原则

在普通高校健美操课堂当中，一节课正常的时长为90分钟，健美操练习是一项全身性有氧练习，在课堂中，必然有一定的强度，对从未经过专门体育锻炼的普通高校的学生来说，全身肌肉、关节、韧带都有一定的负荷。因此在把杆形体练习设计中，则根据学生运动特征，且遵循强度适中原则，安排联系练习时间为15-20分钟，使学生在正式练习健美操时做好充分热身准备，不会为突然练习带有强度的健美操造成关节扭伤以及肌肉、韧带拉伤，同时还使学生的基本肌肉力量、柔韧、协调性得到了练习，为接下来的竞技健美操做好铺垫。

3. 创新性原则

在把杆形体练习编排当中，不完全是以健美操中基本步伐为把杆形体练习内容，它打破了以往以比较单一的擦地、画圈以及踢腿等作为技术组合来进行腿部的把杆形体练习，不仅锻炼了普通高校学生的基本身体素质和腿部力量，对掌握健美操正确的技术动作作了很好的铺垫，而且使学生在学习把杆形体练习中不会觉得那么枯燥，活跃了课堂的气氛。

### （三）把杆形体练习的根本目的

把杆形体练习主要针对学生的腿部感觉练习，整套把杆形体练习的每个小部分都有相应的作用。

第一，在健美操运动中，踝关节起到了一个举足轻重的作用。在普通高校学生当中，由于他们没有运动基础，身体各方面素质比较弱，所以踝关节周围的肌肉力量、韧带以及踝关节灵活性比较差。例如，前、侧、后擦地、画圈立转以及重心的移动，主要针对脚踝的练习，因此，通过踝关节的练习，不仅锻炼了学生的踝关节周围的肌肉力量、韧带和踝关节灵活性，还锻炼了学生脚背、脚尖的感觉，塑造了小腿的线条，加强了小腿的肌肉力量，使小腿肌肉更加结实；从创编技术上来看，擦地技术结合画圈练习，重心的移动结合立转练习，不仅锻炼了学生的脚尖、脚背感觉，还有了方向的转换，使练习不会显得那么枯燥乏味。

第二，弹动技术是健美操运动中主要的技术特征，主要体现膝关节的灵活性和大腿肌肉的紧张和放松的配合，在健美操项目中大多数都是由跳跃、转体动作组成，通过膝关节弹动技术的练习，在完成健美操这些技术动作和机体在落地过程中给机体一个很好的缓冲，避免在落地时与地面接触所发生一系列的急性损伤。通过下蹲、弹踢、提膝等技术动作组成，它可以继续塑造挺拔的身姿、优美结实的大腿线条，同时保持脚尖以及膝盖的弹性，对健美操音乐的节奏把握，提高动作的协调性和连贯性。从创编技术来看，在有方向的改变情况下，还有了位置的移动，以及空间的转换，让学生练习起来更加有趣。

第三，在竞技健美操项目完成各种难度技术中，髋关节发挥了重要的作用。这部分包括控腿、小踢腿和大踢腿等，它不仅练习腿的控制能力，在完成健美操动作技术过程中对方向有更好的把握，能够优美、高标准地完成动作，还可以继续塑造腿部线条，练习腿的爆发力和柔韧性，为竞技健美操更好地完成高难度动作做好准备。另外，通过腿部综合性练习不仅锻炼了学生的平衡、稳定能力，还提高了协调性和对音乐的掌控能力，是练习学生下肢以及把握节奏的一个大综合，为接下来学习健美操打下了很好的基础。

### （四）把杆形体练习的创新体现

把杆形体练习创新点主要体现在内容和形式的创新。传统的把杆形体练习主要以比较单一的擦地、画圈、下蹲和踢腿等芭蕾形体技术组合来进行学生的腿部感觉练习，在一定程度上对学生的腿部感觉起到了一定的作用，但是显得有点单调，没有创新，主要集中在腿部的练习，对学生的手臂和身体练习并不多。并且传统的把杆形体练习具有广泛性，没有把普通高校课堂上区别开来，没有从学生的基本特征出发，对普通高校健美操课堂具有一定的局限性，容易使学生盲目地练习把杆形体，对健美操记忆并不深。在内容上，健美操把杆形体不仅吸收了传统把杆形体练习的精华，还对传统把杆形体进行了改良。不仅有手臂与身体方向的变化与协调，还有节奏的变化，具有全面性，对健美操课堂主体部分学习起到事半功倍的效果。

在普通高校学生当中，在人数相对来说比较多的情况下，很难保证每个学生都能利用到把杆形体练习。中学时期，学生在身体协调性和肌肉平衡感方面也没有进行相应的练习，并且有些学生在中学时期对体育有过接触，其接受能力较其他没有运动基础的学生较强，因此，在运动基础方面有些参差不齐。所以在这套把杆形体练习的创编上，不仅在针对性比较强的情况下可以采用离把杆单独练习把杆形体练习，进行个人或是多人互助练习，而且无论是离把杆练习还是把杆练习，都能够取得同样的效果。在学生心理方面，普通高校学生不能像体育院校学生一样进行长时间的扶把杆练习，容易缺乏耐心，失去兴趣，因此，从形式上的创新可以活跃课堂气氛，使课堂变得更加生动，调动学生的学习激情，使学生学习效果更佳。

## 二、垫上形体成套设计

### （一）垫上形体练习的主要依据

在普通高校教学当中，利用体操垫作为学生的地面上形体练习已经成为一个常见的教学手段，它不仅锻炼学生各部位关节的灵活性、韧带软开度以及力量，还能使学生掌握体能素质练习方法和组合。由于形体练习形式的广泛性和普通高校学生的自我感觉提升，垫上形体越来越体现局限性趋势，简单地垫上压腿和踢腿等大众化形式来练习学生的柔软度，难以满足学生的精神需求。

健身瑜伽是很多普通高校学生喜爱的项目，很多院校都开设了选修课程，以俱乐部形式开设的健身瑜伽课程深受大家的喜爱。瑜伽，在优美而又平静的音乐伴奏下，体现力量和柔韧的相结合，在垫上形体套路中融入健身瑜伽和舞蹈等元素形成瑜伽舞韵风格，通过拥有瑜伽舞韵风格的垫上形体练习，不仅提高了学生的韧带的软开度、关节的灵活性，还能使学生体会到美的感受，丰富学生的精神世界，因此，垫上形体练习是普通高校健美操课堂进行形体练习很好的一个选择。

### （二）垫上形体练习的基本原则

1. 循序渐进原则

在整个形体套路编排中，先从躯干部分练习，再到膝关节部分练习，再到压腿练习，再到胯部练习、最后到大前、侧各方位的大踢腿练习，遵循着动作由简单到复杂、幅度由小到大，要求由低到高等循序渐进原则进行练习，不会因为学生准备活动不充分而造成的韧带和肌肉拉伤和关节扭伤，不仅锻炼了学生柔韧素质，还为健美操课堂的主体部分做好充分准备，也为竞技健美操做好了铺垫。

2. 科学合理性原则

垫上形体练习构思包括五小段：①跪姿形体练习。②坐姿膝关节练习。③坐姿压腿练习。④坐姿跨步练习。⑤仰卧踢腿，在不仅有空间变换还有位置的移动的情况下，使整个练习过程不会显得那么枯燥乏味。在垫上形体练习编排中，每一段为四个八拍，且每一段都是从右边开始，紧扣左右协调平衡原则，同时根据动作的幅度而设定相应的节奏。

3. 难度适中原则

由于普通高校学生在中学时代对健美操和形体练习方面的欠缺，相对来说，身体素质较差，对运动技能的接受能力相对来说也比较差。因此，从垫上形体练习的节奏上来看，垫上形体练习具有一定的规律性。动作简单大方，音乐节奏显得并不急促，方便学生的记忆，易掌握，也能使学生每个动作都能到位，达到练习的效果。

### （三）垫上形体练习的根本目的

健美操是在配合音乐进行持续性的全身性中低强度的运动，它以躯干为身体运动中心，以七个基本步伐为基础，配合四肢进行各种跑、跳、转、踢等一系列机械式运动，通常速度较快、强度较大；而健身瑜伽以崇尚自然、身心合一的健身理念为基础，配合各种体位、呼吸练习以及意识冥想以表达身心整合的目的，通过各种体位练习提高学生的柔韧性和平衡能力。

第一，垫上形体练习的躯干练习，不仅锻炼了学生肩关节的灵活性，还提高了腰部的柔韧性，使学生在练习健美操过程当中姿态更加优美，动作更加舒展。

第二，在坐姿的膝关节练习中，锻炼了学生的腿部感觉、膝盖感觉，以及脚尖脚背的感觉。

第三，在健美操中，对练习者的腿部要求非常高，尤其是腿部的柔韧方面，因此，在整个垫上形体练习过程中，腿部的柔韧是关键部分，主要体现在胯部的灵活性，以及大腿肌肉韧带的拉伸程度。因此，在垫上形体练习的压腿练习、胯部练习和踢腿练习为接下来的健美操练习做好了充分准备。

### （四）垫上形体练习的创新体现

第一，从普通高校传统的垫上形体练习来看，大多数是以简单的坐立位的前、侧压腿、仰卧前、侧踢腿和俯卧跪姿后踢腿进行学生的柔韧练习。从编排内容上来看，健美操项目柔韧性，它不仅体现在腿部的柔韧上，对腰部、肩关节等都有相应的要求，肩关节灵活性可使学生的动作更加舒展、大气，腰部柔韧性则使学生姿态优美，在竞技健美操中增加了学生的艺术效果，因此，传统的垫上形体练习效果具有一定的局限性。

第二，从单独瑜伽体位练习来看，学生很难有耐心去重复练习瑜伽体位，也难以体会到瑜伽到位时的身体感觉和呼吸感觉，造成学生缺乏学习兴趣。因此，将健身瑜伽和舞蹈元素相结合形成瑜伽舞韵，不仅有躯干和手臂的变化、空间和方向的变化、舞蹈元素的交替使用，而且在提高了学生柔韧和力量素质等方面的基础上，提高学生的学习兴趣，对普通高校学生身体感觉更具有全面性。

## 三、波浪形体成套设计

### （一）波浪形体练习的主要依据

健美操是融合各种舞蹈元素，结合音乐进行长时间、低强度的一种有氧运动，按照全面协调发展身体的要求充分展现人体的健康、活力和艺术。对任何项目来说，身体素质都是基础，而柔韧、力量、耐力及协调性是健美操不可缺少的素质，其中协调性是身体素质中最复杂、最不易提高的素质。健美操是对协调性要求很高的项目，由于健美操单个动作多、瞬间造型多、动作节奏变换多，因此，这种多变性要求练习者的身体肌肉、关节等各个部分协调地配合。而协调性是波浪形体练习的本质特点，正因为这一特点，使它更富有美感，波浪形体练习很少是单关节的局部活动，大多数为多关节的同步运动，例如，练习手臂波浪，是臂部各关节按顺序依次、柔和地做屈伸动作，由肩部开始发力，带动肘、腕、指关节依次弯曲，接着下压、肘、腕、指关节依次伸直。波浪形体动作幅度充分、圆滑，充分锻炼学生对身体肌肉收缩和舒张的控制，以及各个关节韧带的协调配合，使整个练习非常流畅，富有韵味和感染力。因此，波浪形体练习主要是借助舞蹈形式，结合健美操基本步伐动作一起展现的，很好地锻炼学生肢体对动作的感觉和身体的协调能力，通过波浪形体练习，能使学生尽快学会和体会健美操动作。

### （二）波浪形体练习的基本原则

波浪形体练习的编排设计从手臂的波浪练习开始，原地练习，结合各基本步伐转体进行不同方位变化来提高肢体的感觉；再到躯干波浪练习，由小波浪到中波浪再到大波浪，以此体会躯干感觉的渐次性；最后再到全身的波浪练习，充分调动全身的各个部分，结合踢腿和各种立转、强度由小到大、动作由简单到复杂、幅度由小到大等循序渐进的原则，来帮助学生在最短的时间掌握波浪形体练习，且达到最好的效率。

### （三）波浪形体练习的根本目的

手臂波浪练习是以臂部各关节按顺序依次、柔和地做屈伸动作，在练习时要求手臂肌肉、关节、韧带的相互协调配合，在手臂波浪练习的编排中，有原地做手臂波浪练习组合，来体会手臂肌肉合理的、地收缩与舒张，在原地做手臂波浪练习时融入了健美操中的侧点地、下蹲等技术，使学生在练习手臂动作时，不会那么枯燥乏味，同时又结合柔软部与足尖部进行不同方位的变化，在身体不同部位上进行画弧、绕圈等手臂波浪练习，幅度由小到大动作圆滑、连贯、伸展自如，以此体会肢体的感觉。

躯干波浪是依靠身体各关节依次柔和地屈伸运动来完成的，包括向前、向后、向侧的波浪，在进行向前、向后波浪练习时，躯干各关节应依次进行弯曲和伸展，波峰由上而下地推移，动作连贯柔和、幅度大，同时注意身体重心的平稳，做侧波浪时应注意向侧移重心的同时膝、胯、腰、胸、颈以此向侧上方挺身，幅度充分、圆滑、协调，在躯干波浪设计中先从小波浪再到大波浪练习，以此体会身体感觉的渐次性。

全身波浪练习是躯干波浪结合摆腿、踢腿、提膝等技术动作，与肢体波浪结合练习一个综合，在进行全身波浪练习时，充分调动学生全身各个关节、肌肉，使各个关节、肌肉积极地配合来练习，很好地锻炼了学生的协调性，培养学生对健美操动作的感受能力。

### （四）波浪形体练习的创新体现

波浪形体练习的创新点主要是体现在发力技巧上，波浪形体动作主要是借助舞蹈形式展现出来的，它的动作风格是柔软的发力，在做手臂波浪和躯干波浪时，需要肢体各个关节和全身各个关节相互协调地配合才能完成，动作圆滑，连绵不断；而健美操动作刚劲有力、短暂地发力，要求躯干直立，保持紧腰、挺胸、收腹，很少有躯干的动作，在练习健美操动作时常常强调圆心段的发力，例如：在做侧平举时，以最短的途径、最快的速度到达侧平举的位置，手臂成一条直线，肩部下沉，力达手指尖，不需要躯干各个关节的配合，与波浪形体练习是两种完全不同的发力技巧。因此，在波浪形体内容设计中，将这两种不同的发力结合在一起，在柔软中穿插刚强有力，在短暂中结合连绵不断，形成鲜明的对比，来锻炼学生对健美操动作的感受，掌握健美操动作的发力技巧。

### 四、转体与跳跃成套设计

#### （一）跳跃与转体练习的主要依据

在竞技健美操运动项目中，跳跃与转体等难度动作是竞技健美操成套动作的重要组成部分，是健美操运动员体能与技艺高度统一的表现，是比赛获胜的关键。目前世界竞技健美操比赛日趋紧张激烈，跳跃与转体等难度动作设计更加复杂和新颖，这充分体现了这一项目的强大生命力。跳跃性的难度技术动作可以大大提升健美操成套动作的难度系数，并且跳跃性难度技术动作主要围绕于科萨克跳、屈体跳、团身跳等跳跃类型，分值也逐年增加。在健美操运动中，转体不仅可以作为一种难度动作出现，还能使整套健美操动作更富有动感，其中空间、站立位和地面上各种面的旋转等可以使健美操成套动作更加生动和活泼，在诸多的研究表明中，转体技术动作还可以提高健美操成套动作的难度。转体动作设计的增加，难度系数的分值也增加，并且可以增加成套动作的美感，同时使动作的路线和方向的改变更加自然顺畅。

因此，跳跃和转体动作在竞技健美操当中是贯穿于成套动作的始终，从国际体操联合会健美操委员会每四年修订一次的周期规则来看，竞技健美操的难度动作的数量在逐渐增加，对难度动作完成的质量要求越来越高。因而，跳跃和转体等难度动作达到完成标准，有难度价值，会增加成套动作的艺术性，是成套动作的焦点。

#### （二）跳跃与转体练习的根本目的

落地技术和身体控制技术是健美操运动中最基本的技术，也是完成跳跃与转体难度动作必须掌握的一种技术。

第一，落地技术的主要目的是使运动员身体在落地的同时尽可能地保持平衡稳定，运动员在完成难度技术动作之后接触地面时由前脚掌过渡到全脚掌，同时屈膝，减少落地时地面对下肢各关节和肌肉的冲击力，以避免造成不必要的运动损伤。

第二，身体控制技术在正常的情况下，身体都应该保持自然挺拔，在完成技术动作时，能够对身体有较好的控制，才能使成套动作更加优美，富有感染力。

健美操是一项强度较大的有氧运动，在音乐节奏较强的情况下完成各种跳跃的练习，此时，身体控制技术和落地技术发挥着重要的作用。完成一次跳跃和转体难度时包括预备姿势的身体控制、过程中的身体控制、结束动作的身体控制等三个部分的身体控制技术。跳跃和转体与身体控制技术具有非常密切的联系，只有它们在高度和谐、互相配合的情况下，才能使健美操难度动作表现得更优美、更准确化。因此，针对高校学生的落地技术和身体控制技术来进行跳跃和转体套路的编排设计，不仅能更好地完成教学内容，而且为今后的竞技健美操打下了坚实的基础。

### （三）跳跃与转体练习的基本原则

跳跃难度包括单腿跳、双腿跳、交换腿跳；转体包括移动转体、单腿转体、翻身转体等。从竞技健美操中跳与跃难度动作来看，通常会跟转体动作结合在一起，且等分比重更高，由此体现，竞技健美操难度动作的发展趋势，在普通高校学生当中很难完成这一高难度动作，根据学生的特点，在跳跃与转体动作的选择上应具有代表性，且每个跳跃和转体动作要以健美操技术为中心点，为健美操当中的跳跃和转体技术做好服务，因此跳跃与转体套路的编排要遵循基础性原则。在竞技健美操当中的落地缓冲技术，就是机体在完成跳跃或是转体等难度动作之后双脚落地时，髋、膝、脚踝等关节保持一定的屈伸，同时对躯干有一个平稳的控制，从而达到减轻落地时，机体与地面瞬间发生撞击的损伤。

严格来说，无论是对于体育院系学生还是普通高校学生来说，健美操形体套路的编排都应该遵循循序渐进原则。根据正常的人体机能适应性，由于内脏器官的惰性，人内脏器官不能立刻发挥它的工作能力，不能提供运动器官较多的能量，肌肉也不能及时进入最佳工作状态，由于肌肉的黏滞性，以及身体各关节间润滑液的欠缺，容易造成肌肉拉伤和关节扭伤。尤其对于普通高校学生来说，更要遵循这一原则，与此同时，还要考虑普通高校学生的生理、心理和运动能力特点。

### （四）跳跃与转体练习的创新体现

跳跃和转体形体套路主要是吸收了舞蹈元素和健美操跳跃与转体难度动作技术特点的紧密结合表现出来的。在套路的设计编排过程中，简单大方的舞蹈动作，紧扣学生的身体感觉练习，以形体练习为中心点，学生比较容易掌握，符合当代大学生的心理特点，同时将跳跃和转体动作贯穿于形体套路中，再通过一些简单的舞蹈动作，将跳跃和转体的技术结合一起，不会因为反复做跳或是转的动作造成机体疲劳，而发生损伤，同时又起到较好的过渡作用，使整个套路练习更加流畅，看起来更加优美，既达到了所要练习的目的，又体现了人体的自然韵律性和新时代的特点。

# 第四节 高校健美操专项课程教学内容改革

## 一、高校健美操专项课程教学内容改革的影响

### （一）增加学生对健美操的兴趣

高校健美操专项课程教学内容的改革脱离了传统健美操教学模式。随着时代的进步，为了适应大部分学生的兴趣方向，高校健美操教学也进行了改革，增强了教学灵活性。高校健美操专项课程教学内容改革，增强了健美操教学过程中的乐趣，使学生们能够展现自我，找到最适合自己的学习方式，提高学生对于健美操的兴趣，加强学生在训练时的热情。

### （二）加强学生与社会的联系

健美操是一项面向全世界的运动，大部分加入健美操学习行列中的学生都是被健美操比赛中各种极具观赏性的动作所吸引。传统的健美操学习目的是获奖、加分等，但这些是不适合当代学生的，当代学生加入健美操行列，更多的是为了展现自我。高校健美操专项课程教学内容的改革，为学生们搭建了一个展现自我的平台，学生们可以自发地举办一些健美操比赛，并且通过与社会上的企业沟通来获取它们的资助，增加学生们的社会经验。并且这些自发性的健美操比赛会吸引很多健美操学生，学生也可以举行一些公益活动，为社会做贡献。健美操作为一种文化形态，对人的社会化也有促进作用，为人们带来享受，满足新时代下学生越来越强烈的身心要求。

## 二、高校健美操专项课程教学内容改革的措施

### （一）提升教师综合素质

学生在学习健美操时需要一个对健美操见解深刻的教师来指，一个优秀的教师不但能够为学生们提供健美操训练的建议，还可以提升学生对于健美操的积极性。学校应该重视教师综合素质，加大投入，挑选一些有健美操比赛经验的人来担任教师，这样学生们在训练时教师可以根据自己的经历来为学生们制订更加科学的训练计划，并且可以给学生们讲述自己以往的经历，调整学生们的心态，加强学生们的心理素质。

教师的职责是育人，在教育学生们知识的同时也在教育学生们心态，只有综合素质好的教师才能成为学生们在健美操训练过程中的标杆，给学生们提供正确的建议，为学生们传播正确的健美操专业知识，更能加快学生们对高校健美操专项课程教学内容改革的适应，所以想要加强健美操教学内容改革，必须提升教师的综合素质。

### （二）建设教学训练场地

健美操是一项高强度的体育运动，它有着强烈的团队性。在健美操训练室中，学生们不仅可以进行个人训练，还可以与同学进行比赛和协作，这样一来，他们不会感到枯燥乏味，反而更加有动力和热情投入训练中。由于健美操是一项需要高度敏捷性、协作性、配合性和技术性的运动，需要进行团队训练。团队训练可以让学生在比赛中更加默契地配合，提高训练效率并增加胜算。每一个著名的健美操团队都是通过不断地训练以及对自身问题的不断发现和改善，才能不断提高自己的比赛成绩。

所以，加强高校健美操的教学内容改革，为学生提供专门的训练场地，是必不可少的。只有这样，学生们才能在团队氛围中不断提高自身技术水平，与同学协作默契，更好地参加各项比赛并取得优异成绩。

## 第五节　普通高校街舞内容融入健美操课程教学改革

### 一、健美操与街舞

健美操运动源于 20 世纪 80 年代美国地区。由于其风格独特，节奏韵律明显而深受青年人的喜爱。街舞运动与之相比有着相似之处。在发展之初、影响群体、动作特点、表现风格等方面有着重合部分。我国高校体育教学不断发展向前的同时，新课程内容的相互融合与借鉴已经成为高校体育教学改革的新途径。健美操经过多年的发展，在高校女生体育课程与体育活动参与过程中体现出了其他项目望其项背的现象。尤其是在新时代健美操比赛与街舞比赛，在校园内、校园外形成独特竞赛项目的今天，根据学生特点和不同年龄段设置的多种形式的比赛更是将健美操和街舞发展推向了新的高度。

#### （一）健美操与街舞的内涵

健美操是一项深受不同群体所喜爱的，具有广泛参与者所接受的，将舞蹈、音乐、健身、娱乐融为一体的体育项目，可以分为竞技健美操和大众健美操。健美操的特点是融合了众多舞蹈种类，将上肢、下肢、头部、足踝动作结合起来的一种有氧运动。其中对于年龄层次要求较低，适合不同群体参与不同强度，结合音乐创编而成具有节奏鲜明的特点。此外，健美操还包括器械健美操，利用专门的器械进行练习。

街舞同样起源于美国，属于街头文化与音乐风格相结合而产生的不同种类舞蹈的总称。由于其具有教学的表演性，音乐节奏感更为明显，高校大学生处于青年阶段，更适合音乐与动作相结合的集体与个人技巧融合的舞蹈动作。

### （二）健美操与街舞的融合

健美操在发展过程中将徒手体操动作和舞蹈动作相结合，增加了身体关节的活动性，尤其是腰部、胯部、膝关节等部位的动作从而体现出的丰富的动感性特点。通过健美操的练习可以促进其身体匀称、发展柔韧与协调，进而实现对健康的追求。街舞与健美操相比，动作更为灵活，头部、颈部、肩部、躯干等周身关节活动范围不断扩大，体现出波浪、环绕、旋转等难度不同的动作，在突出关节活动整体性的同时更强调单个动作的独立性，体现出不同的难度特点。尽管二者在技术动作和风格特点有一定的相似之处，但是，是否受学生的喜爱和参与程度才是关键要素。符合当代大学生性格特点，满足大学生在街舞运动和身心发展过程中的活动方式和情绪调节是促进学生积极参与的关键。

## 二、高校街舞融入健美操课程的必要性

### （一）高校体育教学改革的需要

随着教育事业的发展和教育理念的更新，对于同一学科内部不同形式的知识经过不断细化而形成新的学习内容成为学科教育发展的特点。高等教育发展中的体育课程在教学改革过程中得到了专家学者的重视，尤其是近年来我国青少年体质健康状况持续数年呈现出下降趋势。国家和学校以及家长开始反思学校体育课程的重要性。教学形式单一、教学内容陈旧、学生喜欢体育而不喜欢体育课等陈旧课题已经得到专家学者的关注，其中俱乐部、运动队、社团活动等为主体的体育健身活动内容逐步兴起。但是教学内容的改革似乎在寻求创新的基础上出现了削足适履的情况，部分高校为了满足教学的需要在未达到开设条件的基础上强行开设新课程，结果却适得其反影响了学生对于体育运动的参与程度。健美操和街舞作为高校青年项目的集中体现，场地受限程度低、健美操教师通过学习可以满足教学等方面使体育课程教学改革可以得到推广。

## （二）健美操与街舞发展需要

随着大众体育的不断发展、人们对美好生活的追求、社会文明的进步，体育项目参与的要求也不断更新。健美操和街舞是年轻人的项目，为喜爱音乐和舞蹈的高校学生提供了展示自我和实现爱好、发展爱好的领域。但是健美操课程的教学在高校的开展已经有多年，而其教学内容却没有得到更新，数十年如一日的教学内容让学生产生了排他情绪。而街舞对于学生而言有着活力四射、凸显灵活与展现自我的特点，高校单独开设街舞课程相对困难，尤其是教师自身条件难以满足教学的需要。如果在健美操教学中根据条件融入街舞部分动作可以提升学生的学习兴趣，促进学生对健美操课程的参与程度，在一定意义上推动高校体育课程的改革。

## （三）大学生发展需要

健美操与街舞动作多变、充满活力，可以根据学生特点选择多种难度，可繁可简。结合高亢、韵律感强的音乐能够满足学生的运动需要。不断丰富体育课程的教学内容，帮助学生掌握相应的运动技能同样是学校体育的目标。高校在体育课程改革过程中应当充分考虑自身条件和学生发展的需要。而不是在课程改革的大旗下，盲目学习和借鉴不适合自身条件的教学内容，这样难免出现不应有的结果。由于高校对于学生课程教学相对紧凑，学生自由安排时间相对充足，大多数学生在课余时间安排俱乐部、社团协会组织的相应活动，而街舞和健美操则是相对较受欢迎的项目，在满足学生课余锻炼、增强体质的同时让学生在课余时间丰富校园文化生活。

## 三、高校街舞融入健美操课程的途径

### （一）教学内容选择与学生特征相适应

高校健美操教学过程融入街舞课程在理论层面符合健身需要，能够使学生的参与积极性有所提升。同时也符合终身体育思想和运动技能习得的体育课程教学目标。但是健美操课程的学习内容是经过众多专家学者和无数参与者实践基础上形成的科学化动作套路，而街舞课程的融合是处于相对独立、小范围受众的教学实验，所以教学内容的选择需要根据学生特点进行。

在参与教学过程中可以让学生自我选择，对于自身喜爱健美操而又有意向参与街舞教学的学生进行班级教学，而对于街舞融入健美操课程有所顾忌的学生参与教学进行区分。不同水平的学生对于动作的学习有着不同要求，这就对教师的教学能力提出了新的要求。

教师在教学过程中需要根据学生的特点进行动作教学，建议教学改革分为实验班和对照班进行。对于实验班教学可以充分结合学生特点进行健美操与街舞的相结合，尤其是对于街舞动作的教学是将其与健美操动作创编融合还是在健美操教学内容结束之后进行街舞动作的单独教学，需要教师不断在教学改革中探索。

### （二）街舞音乐风格与健美操教学内容相适应

街舞教学和健美操教学同为体育课程的教学内容，但是由于其存在一定差异，教师需要根据二者的特点选取音乐相符合教学为目的。尤其是对于肢体表达相对较为困难的学生而言，健美操的学习过程本身就是负担，对于街舞课程内容的学习更为困难，加之音乐和肢体运动相互协调统一则更是难上加难。所以，教师在注重教学的同时更需要将音乐的选择节奏、韵律与健美操内容过渡有所把控，这一点是对于教师将街舞课程融入健美操课程教学而言。如果在教学初期将街舞动作作为单独一部分，则音乐的选择可以适当放宽。

### （三）加强课程改革的监督与评价

健美操课程融入街舞的体育课程教学改革并不是一种放任式的随意教学，需要对其教学和监督进行相应的评价与考核。改革是对不合理的事物作出调整，并不是全盘接受更不是全盘的否定。所以，在对课程改革过程中出现的不合理要有一定的空间。这就需要对教学改革的设计与过程有所监督。监督不是源自"外行"对内行的约束，更不是领导对教师的施压，而是需要学校、部门领导、教师、学生之间形成相应的无障碍沟通，出现问题及时解决，从而对评价过程和监督体系作出客观、公正的建议与意见。

## 第六节 普通高校民族舞内容融入健美操课程教学改革

"在健美操的编排过程中，舞蹈元素的融入将会使其进一步完善，进而实现人体情感的良好表达。尤其是一些民族舞的元素，更是会推动健美操朝着更加多元化的方向发展。"[①]作为传统的艺术形态，民族舞和健美操在民间都有着非常好的群众基础。尤其是针对女性而言，民族舞与传统舞的艺术特点非常符合她们的审美观。近年来，随着人们对于健身的重视，健美操也越来越受到人们的欢迎，它是一项集舞蹈、音乐、集体操、健身于一身的体育项目。而民族舞是来自民间，不同民族有着不同的文化差异，因此，不同民族的舞蹈

---

① 牟尅蓉. 民族舞元素融入健美操编排的可行性分析——以藏羌为例 [J]. 体育风尚，2020，396（12）：249.

也有着不同的舞姿，是一项自娱自乐自创的舞蹈形式。

要想将健美操与民族舞相结合是比较有难度的，这需要做到：①将健美操的动感与民族舞的柔美相结合。②将过渡衔接、技巧难度相结合。③将道具服饰，音乐伴奏相结合。风格迥异的民族舞存在不同的艺术情感，同时也会透露着不同的文化气息。也正因此，这些具有特色的舞蹈元素对于健美操的创编起到了非常重要的作用。

## 一、民族舞与健美操的异同

健美操的发展基础是基于民族舞的动作特点来的，但不同的是健美操是融合了体操动作和舞蹈加音乐，属于一种动感型的体育项目，它不仅属于健身媒体的健身方式，更是竞技项目之一。民族舞的动作形式一般都具有特性，内容较丰富而且他们有着不同的风格特点，因此，民族舞的融合就会丰富健美操的动作素材。例如，民族舞里的跳转等技术动作都会为健美操的创编提供良好的基础。民族舞和健美操之间存在最大的不同就是场地、规则的限制。健美操会受多重竞技规则的限制和场地的限制，但是民族舞却没有这些限制。无论是从动作的选择、音乐的快慢，还是音乐的总程度来说，健美操都必须符合竞赛的规则，而舞蹈则没有这么多的要求。但是在一定程度上，健美操和民族舞对人的教育培养都有相同的功能。二者均可增强人的体质，促进身体健康，陶冶情操，提高气质素养，也会培养正确的审美观、人生观。

民族舞与健美操不仅有着相同的地方，而且同时存在着个性，所以我们必须正确地去认识和对待它们，它们互相借鉴，互相吸收特色，共同进步，共同提高，从而为民族舞蹈和健美操的发展打造坚实的基础。

## 二、民族舞蹈对健美操的意义

对于民族传统文化来讲，民族舞蹈不仅具有传承文化的价值，还具有群众基础以及优越条件。如果将一些简单民族舞的动作加以修饰和引用，用健美操的方式表达出来，一定能使健美操动作更加美化，还可以提高学生的学习兴趣培养，随之也能在健美操的教学质量方面有所提高。从而使民族舞用另一种方式表达，让不同的人群加入舞蹈健身的行列。

民族舞有着极强的生命力，它是民族风格的体现，不仅能娱悦身心，更能使人们的情绪通过肢体语言表达出来，有着良好的健身价值。通过民族健美操的练习，不仅可以提高学生们的乐感，也可以缓解静脉血管的紧张性，更能使练习者的呼吸系统得到改善，减少疾病，等等。

民族舞与健美操不管是从肢体表达还是情绪表达都有共同的特点，将民族舞融入健美操是一定可行的。由于我国民族较多,各个民族文化的差异较大,舞蹈类型的种类也比较多,这也为健美操提供了不同风格的舞蹈动作。

### 三、民族舞融入健美操教学的策略

#### (一)具备创新意识与创新精神

我国的高校体育教学要想进行改革,么就需要具备创新意识、创新精神,无论是在课程设置上,还是在教学的方式上。体育课程必须向有趣化、轻松化等方向发展,不同的民族,包括不同的地区和学校都应该本着具体问题具体分析的态度对待,都要根据自己的实际特殊情况,开创具有特色的体育教学,将各个特色更好地表现出来。

例如,为发展颈部的灵活性,将维吾尔族舞蹈中的移颈以及回族舞蹈中的头部摇晃动作作为一小节,同时教些简单的手臂动作,再配上相应的音乐,这样既调节了气氛,又能有效地调动学生的积极性,提高学习兴趣。另外,也可以收集一些民族舞蹈和健美操相似的一些动作,就像蒙古族舞蹈中的骑马和挥鞭等一些具有特色的动作,再将这些动作的特点放到适合的地方,有时候也可以将某个民族舞的组合全部编入健美操当中。这样就会使二者完美地结合,并且会给人不一样的感受。

#### (二)锻炼学生的创编能力

在健美操教学过程中,应该向学生们安排一些创编健美操的任务,不但可以锻炼学生们的创编能力,也会激发学生们的创新意识,从而提高自己的创新能力,为健美操的发展打下坚实的基础。在创编的同时,如果把民族舞蹈中的一些元素以及律动编入健美操内容当中,就会丰富健美操的教学,提升学生们学习的积极性。在创编过程中,一旦有了富于表现力的音乐,就会激发参与者的热情,不仅可以让学生们把握住动作的要领,也会有助于参与者牢记动作顺序。因此,我们既创编特色动作,也要配上与其动作相符合的最佳音乐;例如,少数民族的象鼓、瑶鼓等能敲击出特殊的好听的节奏和声音,再采用民族舞当中带有特色的舞蹈动作,然后配合健美操的一些基本动作,健美操就会具有特色,从而得到更多人的喜爱。

总而言之,要想让双方都产生一种艺术美,就应该将民族舞与健美操相结合,给观众不一样的感觉。

#### (三)将民间音乐融入健美操教学中

目前,我国健美操所采用的音乐普遍会让学生们感到枯燥无味,如果将具有特色的民间音乐融入健美操当中去，就会产生不一样的效果。由于我们不同的民族会有各具特色的音乐，而这些特色的音乐会对学生们具有很大的帮助。例如：增强学生们节奏感，让学生们将自己内心的情感跟随音乐流露出来，从而也会提高健美操教学的水平。我们将特色的音乐配上优美的舞姿，就会使学生们不知不觉地在娱乐当中锻炼了身体，从而达到强身健体的效果。受地理环境、人文环境的影响，我国的舞蹈形式多种多样，也就使舞蹈组合存在着差异，音乐的节奏十分明快，舞者们偶尔也可以自由地变换，从而充分地发挥舞者的情感。

### （四）不同民族舞蹈动作与各部位特征相结合

在我国体育健美操的教学过程中，教师需要选择不同的民族舞蹈动作与各个部位不同的特征相结合，让健美操更具美感。学生刚接触健美操，必须进行健美操基本姿态动作的学习，但往往对某一式单一的动作反复练习，会产生厌倦感和枯燥感。要想改变这些现象，教师就应该起到主导、带领作用，不仅要提高学生们的积极性，还要因人而异，根据不同学生的不同特点，将我国民族舞蹈融入健美操的教学过程当中，通过了解舞蹈动作特点以及锻炼价值，学会民族舞蹈的动作并了解音乐的内在特色。

## 第七节　普通高校健美操课程增设舞蹈啦啦队教学内容

### 一、舞蹈啦啦队的界定及其文化价值

#### （一）舞蹈啦啦队的界定

啦啦队在我国是一项新兴的体育运动项目，分为舞蹈啦啦队和技巧啦啦队。舞蹈啦啦队是以舞蹈动作为主，通过展示各种舞蹈技巧和元素并可结合道具为基本内容的团队竞赛项目。是指以舞蹈动作为主要内容来进行场间表演或比赛，它可以由一种舞蹈组成，如街舞、爵士、拉丁、踢踏舞等，也可以由多种舞蹈混合组成。舞蹈啦啦队主要以展示舞蹈技巧和体现团队精神为目的，并具有很强的表演功能和健身功能，其基本动作比较随意，动作难度不高，音乐节奏要求明快、热情、动感、奔放，并富于震撼力和感染力，很适合在学校开展和推广。

### (二)舞蹈啦啦队运动的文化价值

体育作为传播文化的手段,对世界体育文化的传承有着重要的作用。现今,啦啦队运动不仅作为运动项目传入我国,它的文化价值在校园也得到了充分的体现。高校体育教学的要求不再只是单纯地传授技术技能,而是可以对学生进行体育文化教育,是体育精神在高校发扬和传播的最佳途径。啦啦队运动是从美国传入我国并迅速风靡校园的,项目的时尚、独特吸引了学生,更重要的是啦啦队运动的文化魅力吸引了学生的参与。啦啦队运动最初是为比赛加油助威,鼓舞士气,而现在则成为集中体现青春活力、健康向上的团队精神,追求最高团队荣誉感的一项体育运动。啦啦队运动在高校的发展,体现了当代大学生积极向上的精神风貌和健康的生活行为方式,啦啦队的比赛和活动以充满激情和富有情感的表演给观众留下深刻的印象,是充满热情的生活理念,是艺术与体育的完美结合。因此,在健美操课程中增设舞蹈啦啦队不仅可以丰富健美操课程的教学内容,还可以丰富高校素质教育的内容。

## 二、舞蹈啦啦队在健美操课程中的安排

### (一)舞蹈啦啦队在健美操课程中的教学内容安排

在一学年的健美操课程中,尽管是以健美操教学为主,但是舞蹈啦啦队更多地展示一种娱乐、表演的成分,其教学内容作为整个课程的一部分对学生的发展是极其重要的。舞蹈啦啦队的教学要根据学生的具体情况而定,如学生身体素质、舞蹈基础、男女生的区别等,教学内容可以安排啦啦队的文化背景介绍、基本技术、道具、口号的运用,低难度动作以及舞种动作元素的介绍,队形与过渡连接等方面的教学,使学生基本掌握舞蹈啦啦队的技术特点与编排。

此外,舞蹈啦啦队还包括很多舞蹈元素:有拉丁、爵士、街舞、民族舞蹈以及武术的融入,给教学增加了特色和时尚的元素。难度动作则以简单的平衡立转、跳跃、踢腿类为主。音乐的节奏要清晰明快、热情、动感、奔放。大学生对新鲜事物的学习和接受能力比较快,因此,可以鼓励学生在课外多学习,参加各种舞蹈啦啦队的比赛,不仅可以体现当代大学生的个性和创造力,还能提高健美操的教学效果。

### (二)舞蹈啦啦队在健美操课程中的教学组织安排

舞蹈啦啦队的教学组织形式以小组为单位进行教学,在班级内组成几个啦啦队,进行

相互学习和竞争。最后的考核让学生以组为单位进行啦啦队表演，学生把教学组合动作进行编排，包括队形、造型、道具、口号、音乐等方面组成一个完整的舞蹈啦啦队套路，使学生学到更多的啦啦队知识，提高学生的各方面能力，同时还加强了其人文素质的培养，促进学生综合素质的提高。另外，在教学安排上，可以根据学生需求及学校体育文化活动的安排进行教学，在学校每年定期举行"校园文化艺术节"活动，或是啦啦队比赛。教师可以在活动之前的一段时间进行舞蹈啦啦队的教学，教给学生一些套路组合，供学生借鉴，使学生更好地参加业余表演活动或比赛。

# 参考文献

[1] 陈丽娟. 浅析高校健美操教学[J]. 中国电子商务, 2010（2）: 80.

[2] 董王伟. 高校体育教学指导思想研究[J]. 福建体育科技, 2011, 30（3）: 45~47.

[3] 冯海峰. 高校健美操教学内容与教学方法现状与改革策略研究[J]. 文体用品与科技, 2018（24）: 87~88.

[4] 冯梦娇, 张智颖. 陕西省高校体育教育专业健美操教学目标与内容对比分析[J]. 延安大学学报（自然科学版）, 2015, 34（2）: 101~104.

[5] 谷化铮, 常亚婷. 黑龙江省普通高校健美操课教学内容优化的研究[J]. 当代体育科技, 2020, 10（25）: 175~177.

[6] 郭瑞芳. 普通高校健美操课程模式的探索与实践[J]. 内蒙古自治区师范大学学报（教育科学版）, 2017, 30（5）: 123~127.

[7] 郝清秀. 健美操教学方法初探[J]. 牡丹江教育学院学报, 2015（9）: 112~112.

[8] 何艳芳. 对创造性思维引入高校健美操教学的探讨[J]. 广州体育学院学报, 2002, 22（5）: 110~111, 126.

[9] 惠继红. 高校健美操教学改革与时尚健身舞[J]. 大家, 2010（2）: 168.

[10] 雷莉莉, 王永良. 高校健美操教学中美学[J]. 拳击与格斗, 2020（3）: 96.

[11] 雷瑛, 张东宇. 构建高校健美操课程多元化教学的实践与研究[J]. 南京体育学院学报（社会科学版）, 2007, 21（5）: 92~94, 59.

[12] 李俊杰. 内蒙古自治区高校体育教育健美操教学内容的调查与分析[J]. 赤峰学院学报（自然科学版）, 2013, 29（21）: 124~126.

[13] 林昭绒, 招惠芬. 高校健美操课贯彻快乐体育思想的尝试[J]. 武汉体育学院学报, 2004, 38（1）: 114~116.

[14] 凌月红. 创新教育在高校健美操教学中的实践[J]. 体育学刊, 2004, 11（3）: 76~77.

[15] 吕春辉. 高校健美操教学探讨[J]. 知识经济, 2015（8）: 175, 177.

[16] 马闯, 刘亚茹. 高校公体健美操课教学内容与教学考核改革的研究[J]. 安徽体育科技, 2016, 37 (2): 71~73.

[17] 牟剋蓉. 民族舞元素融入健美操编排的可行性分析: 以藏羌为例[J]. 体育风尚, 2020, 396 (12): 249.

[18] 乔荣彤, 范建伟. 高校健美操MOOC教学资源的实验研究[J]. 武术研究, 2022, 7 (6): 139~141.

[19] 任雪. "体教融合"视阈下高校健美操发展困境与路径探究[J]. 武术研究, 2023, 8 (2): 153~156.

[20] 沈舒婷. 高校健美操教学中的形体训练研究[J]. 当代体育科技, 2021, 11 (27): 89.

[21] 沈芝萍, 张继晶. 对高校健美操运动中柔韧素质练习的研究[J]. 广州体育学院学报, 2002, 22 (4): 112~114.

[22] 苏婷. 高校健美操教学创新探析[J]. 青少年体育, 2021 (4): 122~123.

[23] 陶涛. 高校健美操课程资源的理论建构与实施[J]. 沈阳体育学院学报, 2007, 26 (2): 80~82, 91.

[24] 王进. 微格教学在高校体育教学技能训练中的应用[J]. 体育科研, 2008, 29 (6): 85~89.

[25] 王晓. 对高校健美操专项课"男女生合班"教学的研究[J]. 北京体育大学学报, 2003, 26 (4): 529~530.

[26] 王秀美. 高校健美操课内与课外相结合的实验研究[J]. 南京体育学院学报 (社会科学版), 2003, 17 (5): 65~66.

[27] 王雨洁. 形体训练在高校健美操运动中的运用研究[J]. 鄂州大学学报, 2023, 30 (1): 94~96.

[28] 夏越. 现代高校体育教学研究[M]. 北京: 北京理工大学出版社, 2019.

[29] 肖志艳. 湖南省普通高校健美操教学内容设置与改革研究[J]. 湖北经济学院学报 (人文社会科学版), 2010, 7 (4): 204~206.

[30] 谢宾, 王新光, 时春梅. 高校体育教学与运动训练研究[M]. 长春: 吉林人民出版社, 2021.

[31] 鄢先友. 河南省普通高校健美操教学内容设置与改革[J]. 郑州牧业工程高等专科学校学报, 2011, 31 (4): 69~70.

[32] 闫惠斌. 普通型高校和应用型高校健美操类课程教学内容规划建设对比研究: 以

山西省2所高校为例[J].青少年体育,2022,(6):117~119.

[33] 杨莉,胡国兵,姜志鹏.应用型本科实践类课程微课的教学设计[J].中国成人教育,2022(9):39.

[34] 杨玲.高职院校健美操教学内容与教学方法的优化[J].产业与科技论坛,2017,16(14):165~166.

[35] 杨杨,张天令.高校健美操运动员的身体素质训练分析[J].拳击与格斗,2023(1):40~42.

[36] 姚荣,李东红.高校健美操探析[J].皖西学院学报,2005,21(2):118~120.

[37] 于长菊.我国高校健美操运动的现状及发展态势的研究[J].沈阳体育学院学报,2005,24(4):98~99.

[38] 俞爱玲.高校健美操教学模式的创新[J].体育学刊,2002,9(2):77~79.

[39] 袁浩,辛飞,王兴泽.体育乐趣对儿童青少年身体活动与体质健康影响的研究进展[J].首都体育学院学报,2022,34(6):688~696.

[40] 张惠红.体育课程资源系统理论的构建与开发案例[M].北京:人民教育出版社,2009.

[41] 张亚平,杨龙,杜利军.高校体育教学理念及模式创新研究[M].北京:中国商业出版社,2022.

[42] 张艳萍.微课教学要以"微"见长[J].教学与管理(小学版),2019(9):21.

[43] 周爱东."交互式"教学法在高校健美操教学中的运用与分析[J].南京体育学院学报(社会科学版),2004,18(5):90~92.

[44] 周红妹.普通高校健美操课的教学设计[J].首都体育学院学报,2004,16(2):47~49.

[45] 周建社,向群,屈军友.普通高校健美操教学中的体态语言[J].北京体育大学学报,2004,27(11):1544~1545.